LE MONDE DE LA NUIT

Grégory Lacroix

Le monde de la nuit

Comment j'ai échappé à la pègre, la drogue et la sorcellerie

SALVATOR

Yves Briend Éditeur S.A.
103, rue Notre-Dame-des-Champs F-75006 Paris
contact@editions-salvator.com
www.editions-salvator.com

Maquette intérieure : Nord Compo
Couverture : Le Petit Atelier

ISBN : 978-2-7067-2117-5

À tous les fêtards que j'ai croisés sous le scintillement des étoiles, dans un anonymat royal, en portant ma croix à la concorde de l'hystérie humaine et des scandales en tout genre.
Je vous dédie ces pages pleines de souvenirs, de deuils et d'espérance.
Soyez certains que je ne vous oublierai jamais.

Au médecin de mon âme et à mon infirmière spirituelle.

Prologue

Patron de discothèque. Trois mots intrigants qui fascinent de nombreux jeunes attirés comme des aimants par l'univers de la fête. Trois mots ténébreux pour les parents émus par les tragédies festives. Cet homme, on l'imagine riche, malhonnête, bedonnant, forçant à boire des noctambules pour remplir son porte-monnaie – et qu'importe si le coronavirus a changé la donne ! Pluriel des clichés satinés qui collent à la peau en traversant les décennies.

En vérité, rien ne me prédestinait à devenir patron de discothèque à 25 ans, à me convertir au christianisme, à exercer ce métier en première ligne de la décadence des mœurs. Pour vous donner un aperçu de celle-ci, j'aurais pu me contenter de décrire les dérives humaines scandaleuses auxquelles j'ai assisté à Ibiza ou dans mes établissements festifs : corruption, sexe débridé, alcoolisation excessive, overdose, hyperviolence, suicides, drogue du violeur, vols, violences conjugales, pressions mafieuses, etc. Cependant, il m'est apparu nécessaire de vous détailler aussi mon cheminement intellectuel et spirituel dans ces ténèbres à couper au couteau, tant chaque samedi soir était une épreuve. J'étais un homme ordinaire confronté à des événements extraordinaires, aux prises avec des inconscients défiant la mort par leur conduite suicidaire. Voilà comment la foi chrétienne est devenue peu à peu le flambeau qui m'a éclairé durant cette nuit de l'esprit. Et, comme je le craignais, un jour, des malfrats m'ont imposé un choix radical : rentrer dans leur « système » mafieux ou garder mes valeurs chrétiennes. Ce choix, ma conscience l'a fait à la vitesse de l'éclair : refus catégorique d'entrer dans leur mafia. Je l'ai payé cher. Très cher.

En vous dévoilant mon cheminement, je ne souhaite pas vous attendrir ni vous convertir, mais apporter un regard lucide sur les dérives humaines qui m'ont choqué jusqu'au malaise, en vous présentant également les dérives spirituelles rencontrées : voyance, occultisme, magnétisme, soupçon de sorcellerie à mon égard.

Sorcellerie : le mot est lâché ! Les lecteurs se considérant comme « rationnels » peuvent dès à présent douter de ma crédibilité morale et refermer ce livre. À tort. Pour se revendiquer comme « rationnel », il faudrait pouvoir tout comprendre et tout expliquer des mystères de l'Univers. Or, aucun homme n'a cette intelligence angélique. Dans mon cas personnel, que l'on croie ou non aux pouvoirs de la sorcellerie, il est impossible de parler d'exagération, d'hallucination, de délires paranoïaques. Certains des faits vécus sont inexplicables et incontestables, attestés par des témoins crédibles (allant jusqu'à deux cents pour un même fait) et de nombreuses preuves : images qui immortalisent l'étrange en photo ou vidéo, mails, factures, document d'assurance, procès-verbaux de gendarmerie, rapports ou propos de médecins, d'avocats ou d'experts multipliant les remarques du style « je n'ai jamais vu ça de ma carrière », « c'est impossible », « je ne comprends pas ».

La science n'explique pas les phénomènes paranormaux. La religion catholique, si. Je cherchais systématiquement une cause naturelle à la mystérieuse malchance qui m'a frappé pendant des années jusqu'au jour où, lors d'une rencontre mémorable avec un prêtre exorciste, j'ai eu deux preuves surnaturelles éclatantes de l'existence de Dieu et... du diable. Donc, pas de magie pour riposter à l'éventualité d'une malédiction pour me nuire : juste une invitation à la prière, à manifester ma foi en Dieu et en son fils Jésus-Christ. Mon cas relevait de « l'oppression », moins grave et spectaculaire que la « possession » rendue célèbre par le film maudit *L'exorciste* : neuf personnes perdirent la vie durant son tournage et un incendie mystérieux retarda de six semaines sa sortie au cinéma. Du jamais vu !

Alors, fallait-il vous révéler une partie de mes folles aventures dans un livre à contre-courant d'un athéisme conquérant, quitte à passer pour un fou auprès des sceptiques ? Oui, d'après certains « signes » reçus en réponse à mes prières. Si des faits sensibles doivent encore demeurer secrets pour ne pas heurter certains lecteurs, j'ai acquis la certitude qu'il fallait que je témoigne de mon expérience spirituelle afin d'aider un maximum d'individus, croyants ou athées, ayant contracté des liens maléfiques, souvent sans le savoir, à cause des dérives citées plus haut. C'était pour moi un devoir de les dénoncer, et un acte de charité chrétienne que de donner le « kit de survie » pour s'en prémunir. Tant de personnes en grande détresse, issues de tous milieux, sont aux prises avec le prince des ténèbres, en état de mal-être permanent ou d'additions incontrôlables ! La médecine peine à les soigner car l'origine spirituelle de leurs maux profonds est souvent négligée. Ce n'est pas un hasard si la prière du « Notre Père » se conclut par : « Mais délivre-nous du Mal. »

Bien entendu, croire en Dieu ne veut pas dire qu'il faut croire en n'importe quoi. Il est aussi peu crédible d'adhérer d'emblée à la thèse d'un fantôme photographié en train d'errer dans mon ancien club que de vouloir à tout prix rationaliser l'irrationnel devant la dureté des évidences. Ces deux raisonnements sont indéfendables. La vérité se situe entre ces deux diagnostics, dans une zone grise inconnue du grand public où le corps médical et l'Église coopèrent, dans le plus grand secret, pour vaincre la souffrance insupportable des hommes confrontés à l'insoutenable. La foi ne contredit pas la raison, elle la suppose.

À vous d'en juger en plongeant au cœur de mes péripéties.

1

Le projet interdit

DANS une petite ville située près du littoral de l'océan Atlantique, le printemps fait son apparition dans son habit bleuté. En ce début d'après-midi ensoleillé, je vagabonde, impatient, devant un immense bâtiment fantôme. Il est greffé à un autre, plus petit, à sa gauche, maquillé de baies vitrées derrière lesquelles logent en appartements quelques personnes défavorisées.

Cet ensemble immobilier est un vaste bloc de béton en mauvais état général. Des plaques d'enduit s'en détachent. Des ouvertures sont condamnées par des stores malmenés par des vandales. À l'épaisse crasse sur des murs noircis par le temps et à leur couleur verdâtre peu engageante, je ressens une atmosphère étrange. Cette discothèque abandonnée se niche en plein centre-ville, devant un boulevard intérieur très fréquenté d'où s'élèvent les bruits du monde. Deux enseignes fossilisées sur la façade se décomposent lamentablement, témoins d'un autre temps. Un véritable capharnaüm.

Robert[1], le propriétaire octogénaire des murs, se présente pour la première fois devant moi, d'un pas lent, muni d'un épais trousseau de clefs. Je le salue. Lorsqu'il ouvre la porte

1. Tous les noms des lieux et des personnes ont été modifiés.

de son ancienne institution nocturne, la lumière du soleil déchire la pénombre intérieure puis s'entrechoque avec les boules à facettes statiques au plafond, renvoyant de légers éclats de luminosité autour de nous. Instant mémorable dans une odeur de renfermé poussiéreuse.

En pénétrant en plein jour dans cette boîte de nuit délaissée, des sentiments indescriptibles me submergent. À l'allumage d'un projecteur halogène, la grande salle se déshabille sous mes yeux ébahis. Un vaste bar apparaît à ma gauche, décoré de superbes portraits de musiciens jazzy sur des panneaux en verre ; puis un autre, à ma droite, dans le même esprit, sans comptoir. De belles rosaces en verre encerclent la gigantesque piste de danse autour de laquelle des banquettes bleues et des petites tables noires et rondes s'agglutinent. Une deuxième salle apparaît au loin, plus petite, équipée d'un bar en bois.

La discussion s'engage :

— Je cherche un local pour créer un dancing sur la côte.

— Ah !

— Ma famille baigne dans la musique rétro. Mon frère est un accordéoniste talentueux et chef d'orchestre.

— Hummm…

— Votre établissement est-il aux normes ?

— Faut voir…

— Et quel est le montant du loyer ?

— Je vais y réfléchir…

On m'avait prévenu. Robert bénéficie d'un esprit alerte dès qu'on parle d'argent. Réflexe d'un homme marqué à jamais par la dureté de ses conditions de vie dans le marais voisin, particulièrement austère durant l'entre-deux-guerres.

En questionnant Robert, je découvre sa vie comme on tire sur le fil d'une pelote de laine qui se déroule. Son père, modeste agriculteur, aurait vendu une vache pour lui offrir un accordéon très jeune car il semblait disposer d'un don artistique. Au fil des années, sachant effectivement manier avec brio son instrument de musique, Robert animait des bals populaires. D'abord sous un chapiteau, puis dans sa salle de bals construite dans les années 1960 et transformée en discothèque à l'apparition du disco. Décennie après décennie, Robert distrayait les foules. Et pas qu'un peu ! Les plus grandes stars de la chanson française se sont produites sous mes pieds : Johnny Hallyday, Claude François, Jean-Jacques Goldman, Eddy Mitchell, Jacques Dutronc, Joe Dassin, Enrico Macias, Michel Polnareff, Gilbert Bécaud, Hugues Aufray, Yvette Horner… Des milliers d'âmes se bousculaient pour venir admirer ces vedettes jusqu'au jour où Robert tira sa révérence dans les années 1990, le compte en banque bien rempli, suite à la fermeture administrative du Mystère.

Caché derrière ses lunettes carrées, Robert fleure le bon filon. Dans un coin de ma tête, je fonce déjà, tête baissée, comme sur mon vélo dans une course cycliste, à la conquête de mon existence. Je suis bien décidé à créer un dancing pour seniors ici. L'endroit est parfait, face à un parking public gigantesque, gratuit, facilement accessible, en plein centre-ville d'une commune dynamique. Lorsque je salue Robert pour prendre congé, je lis dans ses yeux brillants qu'il s'est vivifié le moral à mes côtés, tel un sage prêt à transmettre sa monstrueuse expérience au novice que je suis.

Sur les conseils de mon père, employé de banque préretraité, j'adopte la stratégie prudente du ricochet pour mener à bien mes affaires. Si je sens qu'une difficulté majeure peut faire couler mon projet, j'accepte l'idée de l'abandonner. En effet, mon tempérament fougueux ne m'empêche pas de discerner les dangers d'une démarche financière risquée à laquelle je me dévoue à temps plein. D'ailleurs, une question me titille : pourquoi l'établissement de Robert est-il inexploité ? Difficile de croire que je sois le seul entrepreneur à avoir pensé saisir cette belle opportunité ! Il faut en avoir le cœur net en rencontrant le gouverneur de la ville.

Mon premier ricochet me propulse ainsi dans la vieille bâtisse de l'hôtel de ville. Avec une volonté débordante, je monte rapidement les marches du grand escalier en bois qui grince de toute son existence bientôt centenaire. Puis, après quelques minutes d'attente, le premier magistrat me reçoit.

Habitant à soixante-dix kilomètres de là, je ne le connais pas. Je lui expose vite mon intention d'organiser des thés dansants et des soirées rétro-musette dans l'édifice de Robert. Si son visage masque péniblement un malaise palpable, il est franc, direct, intransigeant :

— Hors de question d'exploiter une boîte de nuit pour des jeunes en plein cœur de la localité !

— C'est le dernier de mes souhaits ! Je veux créer un dancing depuis l'âge de 15 ans. Pas une discothèque. J'ai suivi une scolarité en conséquence : CAP/BEP Vente Action marchande, Bac STT Commerce, BTS Assistant de gestion PME PMI. Après trois années de petits boulots, j'ai développé ce projet lors d'une formation universitaire à la chambre des métiers locale. Partout, j'ai affiché mon souhait d'ouvrir un dancing sur la côte. Vous pouvez le vérifier auprès de mes anciens formateurs.

À la fin de notre entretien, j'en déduis que cet élu ne s'oppose pas à mon initiative économique. Je peux continuer !

Mon deuxième ricochet me catapulte dans une cité balnéaire voisine, sur un quai charmant longeant un petit fleuve côtier où les touristes aiment flâner. Sous les chants captivants des mouettes qui virevoltent, le parfum rafraîchissant de l'océan Atlantique me caresse les narines.

J'entre dans une banque. Son directeur d'agence blondinet a accepté de me revoir. Un bon signe ! Je masque ma déception vis-à-vis des autres banquiers qui m'ont pris pour un illuminé durant mes démarches diverses, et qui n'ont pas daigné m'accorder le moindre crédit – au sens propre comme au sens figuré.

Confortablement assis dans son bureau douillet, ce banquier peu bavard mouille son index de la main droite et feuillette scrupuleusement, page après page, mon *business plan* remis à jour par un expert-comptable aguerri. Ma ténacité semble lui donner une impression favorable. Mon projet aussi.

Puis l'ultime question, cruciale :

— Pourquoi vouloir exploiter une guinguette à 24 ans ?

— J'ai l'âme d'un entrepreneur qui aime aller vite. Et je pense que c'est une bonne idée. Surtout dans ce département. Mon étude de marché le prouve.

Quelques jours plus tard, mon troisième ricochet se manifeste dans ma boîte aux lettres. Je reçois un accord de prêt de 60 000 euros pour rénover le bâtiment de Robert, avec un prêt relais TVA (en échange d'une caution solidaire de mes parents, vu que je n'ai pas un sou en poche). À mon tour, je feuillette scrupuleusement, page après page, l'unique proposition financière qui m'a été adressée en bas de laquelle je m'apprête à signer un changement radical de vie.

Cette réussite me permet d'enclencher le quatrième ricochet : la création définitive de mon entreprise. Aussitôt, ma vie s'accélère. Terminés les apéritifs arrosés qui m'assomment à l'heure de la sieste, les bronzettes à la plage, les soirées entre copains à refaire le monde autour d'une planche à palets, les promenades sucrées en bord de mer avec du sable niché dans les tongs, le cyclisme de compétition, le décolleté d'une demoiselle qui sent bon le parfum de l'été... Seul mon travail me préoccupe.

Je signe une convention d'occupation précaire de cinq années chez le curieux notaire de Robert en échange d'un loyer modéré. Deux mois de travaux débutent. La rapidité d'exécution des artisans locaux est à l'opposé de la lenteur effrénée de l'administration française. Ne supportant pas cela, je me fâche pour faire avancer mon dossier enlisé, ici ou là. Ma grande impatience me pousse à menacer d'appeler le célèbre journaliste Julien Courbet dès qu'un technocrate se comporte comme une vis sans fin, me demandant toujours l'impossible. Et tout finit par s'arranger. Une histoire de volonté, apparemment !

Bien que je sois obnubilé par ma soif de réussite, trois alertes tempèrent mon dynamisme. Premièrement, dans une commune rurale où il faut faire quotidiennement ses preuves pour s'intégrer, un commerçant voisin est la cible de reproches déroutants car « il vient manger dans le pain des habitants », ce qui laisse supposer un protectionnisme invisible contre les investisseurs étrangers, comme moi. Deuxièmement, au détour d'une conversation, j'apprends qu'il y aurait eu des morts du temps du Mystère, ce qui avait créé des tensions légitimes entre Robert et l'hôtel de ville. Troisièmement, je ressens une animosité des voisins envers mon projet et ma personne. Qu'importe, je fonce !

Cinquième et ultime ricochet : l'aval espéré de la commission de sécurité. La visite commence. Les agencements sécuritaires installés selon les prescriptions d'un cabinet de contrôle rassurent les représentants de l'État. Après la vérification du bon fonctionnement des issues de secours, l'alarme incendie flambant neuve est au centre de toutes les attentions. À part moi qui viens d'être formé à son utilisation par l'installateur, personne ne sait comment la faire fonctionner. Ils voulaient du neuf. Ils l'ont...

L'inspection se finalise. Je suis en conformité avec les règles de sécurité d'un établissement recevant du public (ERP) type P, 2e catégorie, pouvant accueillir huit cent soixante-quinze personnes simultanément. J'ai le feu vert pour exploiter mon commerce. C'est mon cadeau de Noël !

La nuit se drape de son écharpe noire. Les embrassades, les compliments, le ballet incessant des retraités heureux d'avoir pu participer à la fête laissent place à un silence monastique. Le week-end d'inauguration de mon dancing intitulé « Les Passionnés du tango » s'achève par un succès savoureux. Cent vingt clients hier soir : correct. Trois cent cinquante cet après-midi : le maximum pour un confort de qualité, commercialement parlant.

Une brise légère plisse l'écriteau « complet » scotché sur la porte d'entrée une heure après le démarrage en fanfare de mon premier thé dansant. Il récompense des mois de travail acharné au cours desquels ma mère, associée minoritaire, et mon père, soutien bénévole, m'ont magnifiquement aidé, tempéré, encouragé. J'ai surmonté chaque obstacle dans ma nouvelle vie d'entrepreneur, un par un, sans complexe, en profitant de l'ardeur brûlante de la jeunesse à laquelle rien ne résiste, par son audace et sa totale naïveté. Je suis fatigué, mais heureux et soulagé. Mes efforts insoupçonnés ont payé.

Mon rêve professionnel se concrétise à 24 ans.

2

Le procès

Un passionné de danse de salon passe sa commande :

— Un café, s'il vous plaît !

— Très bien.

— Je vous félicite pour la reprise de cet établissement. Quel plaisir d'y revenir ! Je n'aurais jamais cru cela possible !

— Pourquoi ?

— Vu tout ce qui s'est passé ici ! Et il me semble qu'il y a un droit de préemption.

— Quoi ?

Dès que l'occasion se présente, je pars vérifier l'information. Un fonctionnaire me confirme l'existence du droit de préemption sur le bâtiment de Robert, m'interdisant de vendre sereinement mon fonds de commerce par la suite. Une trahison. Je suis tellement écœuré que j'en oublie de demander un justificatif écrit. Des notables s'étaient bien gardés de m'en informer lors de mes démarches de création d'entreprise ! Il est inconcevable d'expliquer leur négligence par un simple oubli. Je les avais rencontrés à plusieurs reprises : Robert et son notaire, des fonctionnaires en charge de traiter mes affaires, un élu… Et le plus hypocrite de tous : Jonathan, ancien locataire furtif de Robert et propriétaire de ma licence IV. Il se soustrait à nos obligations contractuelles en se mettant en faillite personnelle.

Imparable ! En dénonçant sa situation calamiteuse auprès des gendarmes, il fait le forcing pour diligenter un contrôle inopiné dans mon commerce démuni de licence IV, voire sa fermeture. Ne souhaite-t-il pas le reprendre avec un prête-nom, comme la rumeur le colporte ?

Le cycle infernal d'une apocalypse quotidienne commence : une impossibilité de vendre de l'alcool à mes clients, des rumeurs de fermeture, la fréquentation et le chiffre d'affaires de ma guinguette en chute libre, un refus des douanes à ma demande de transfert d'une licence IV, la chaudière avec un vice caché tombant en panne, le refus de Robert d'en installer une neuve, un découvert professionnel supérieur à 15 000 euros, la défiance de mon banquier, des factures et des charges sociales impossibles à honorer, l'inquiétude exponentielle de mes fournisseurs et de mes parents, l'abandon de ma rémunération fixe, le puits sans fond de mon compte bancaire personnel, une grève au centre des impôts local retardant un important remboursement de TVA, des agios prélevés en attendant une régularisation fiscale, des tracasseries administratives inimaginables, la mise en lumière d'une justice commerciale douteuse avec son lot de jugements « arrangés à l'avance » selon mon avocat (suite à une tentative avortée d'achat de la licence IV à Jonathan auprès d'un mandataire judiciaire), la multiplication de phrases assassines émanant de personnalités bien renseignées du style « il ne va pas pouvoir payer » ou « il tiendra six mois », deux très curieux contrôles fiscaux à ma billetterie à quelques mois d'intervalles manifestement commandités – vu la conduite d'agents du fisc souriants. Un vrai calvaire !

Prisonnier d'une terrible chaîne de désillusions, je sculpte mon âme en versant une vallée de larmes dégoulinant dans un océan de tristesse, noyant mon désespoir dans une foi naissante et incompréhensible. Seul un miracle peut enrayer ma situation quasi désespérée.

En attendant que la roue tourne en ma faveur, je survis, tel un capitaine sur son bateau prêt à couler, torpillé de toutes parts. Chaque matin, je me lève avec une certitude : je ne domine plus ma vie. Je suis pieds et poings liés à la volonté d'une poignée d'hommes de l'ombre. Harcelé par les appels menaçants de mon banquier ou des rendez-vous stressants, j'éprouve la peur monumentale d'entraîner mes parents dans un gouffre financier. La frustration, l'impuissance, l'antipathie, m'envahissent. Tout me dépasse.

Tiraillé entre ma triste vie et l'envie de croire en l'impossible, je me réfugie inexplicablement dans la foi chrétienne. Croire, n'est-ce pas espérer ? Ne retenir que le beau. Sentir en large. Juger en grand d'une manière désintéressée, décuplant la force de l'espérance dans les épreuves les plus graves. Trouver la source d'énergie la plus pure à l'origine de tout. Dans la chapelle Notre-Dame-de-Lourdes de mon village ou dans la pénombre sinistre de mon lieu de travail déserté en semaine, j'implore Dieu et la Vierge Marie de me venir en aide, armé d'un vieux chapelet collé dans mes mains moites et d'un livre de prières antiques acheté chez un libraire. Sans pouvoir l'expliquer, de puissantes envies de prier affleurent à ma conscience aimantée par un vigoureux sentiment de religiosité.

Étant né de parents proches de l'athéisme, la religion avait peu d'emprise concrète dans ma vie jusqu'à aujourd'hui, hormis mon baptême et ma première communion, effectués sans réelle conviction. Alors, pourquoi adhérer au christianisme d'un coup de baguette magique ? La paix intérieure de mon grand-oncle prêtre-ouvrier et de deux grands-tantes religieuses, qui me fascinait tout gamin, est-elle à l'origine de mon brutal penchant religieux ? Impossible qu'ils aient consacré leur vie à un mensonge universel. Cette conversion résulte-t-elle plutôt du mystère qui enveloppait le don de guérison de tante Yvonne, capable d'enlever les verrues à l'aide d'une prière ? Est-elle due aux prouesses du rebouteux qui m'avait guéri d'une pneumopathie impossible à soigner par la médecine traditionnelle ? Est-elle liée à un accident évité qu'il m'avait semblé avoir prédit en rentrant de chez ma grand-mère maternelle ? Découle-t-elle de la découverte émerveillée de la prophétie de sainte Odile que j'avais faite, adolescent ? Pendant la guerre de 1939-1945, ma grand-mère la consultait pour se convaincre de la victoire finale des Alliés sur l'Allemagne nazie alors qu'elle paraissait improbable. À travers tous ces faits, mon inconscient aurait pu mémoriser que l'impossible est possible grâce à un savoir ancestral fondé sur des pratiques religieuses capables de soigner ou de prédire l'avenir. Mais si Dieu existe, pourquoi m'inflige-t-il un tel supplice ? Pourquoi moi, d'ailleurs ? Qu'est-ce que j'ai fait de mal pour mériter ça ? Beaucoup de questions... et un silence insupportable comme unique réponse.

Jour et nuit, la honte de ma situation gravissime me pousse à me rassurer, à me raccrocher à quelque chose de positif, à me réfugier dans un état de vie spirituel. En plein doute, je refuse l'idée de m'empiffrer de médicaments, lié à mon serment de cycliste écœuré par le dopage. De même, mon hygiène de vie sportive écarte toute envie d'ouvrir une bouteille pour diluer mon désespoir. L'alcool est une fuite en avant qui accentue les problèmes, les rendant plus pâteux et migraineux. Quant au cannabis, je refuse d'y toucher. Je pense encore à cet ami décédé dans une voiture embaumée de vapeurs délirantes, et aux neurones ramollis de nos camarades de lycée qui s'accoutumaient aux pétards. Au fond de moi, je le sais : les psychotropes ne résolvent pas les problèmes. Ils les aggravent.

Ce raisonnement montre que je ne suis pas complètement fou. Je noie donc mon anxiété démentielle en me cloisonnant dans une foi mystérieuse et solitaire. Question de pudeur, je me prosterne dans des lieux de culte retirés où personne ne voit mes larmes d'enfant se déverser. Quant à Dieu, au détour d'une oraison que je me surprends à réciter par cœur, complètement abattu, je l'invite à me prouver *illico* son existence : c'est le point de départ de ma conversion durable au christianisme. Si Dieu est l'entité suprême qui a créé le monde et qui commande les forces de l'univers, le Père tout-puissant capable de me tirer d'affaire, il est dorénavant mon roc.

La canicule pointe le bout de son nez. En ce dimanche après-midi ensoleillé, deux cents retraités dansent sous les airs d'un orchestre musette apprécié. Mais malgré une affluence intéressante, ma recette est insuffisante. Compte tenu de mon asphyxie financière, il est urgent et vital qu'un associé m'accompagne dans ma folle aventure en injectant des fonds, si possible en rachetant les parts sociales de ma mère pour l'éloigner des risques élevés de faillite de notre petite affaire. Et comme par magie, quelqu'un se manifeste.

André se présente souriant, en costard, face à moi, au comptoir du grand bar. Cet ancien commerçant quinquagénaire est un bon père de famille qui remue ciel et terre pour trouver un emploi à sa fille trentenaire, maman isolée en situation précaire. Il travaille comme négociateur immobilier dans un office notarial avec, pour collègue, un conseiller municipal membre de l'équipe politique au pouvoir dans la commune. C'est bien connu : dans le monde des affaires qui cultive la discrétion, avoir de bonnes relations permet « d'arrondir les angles ».

Tout naturellement, André me propose de profiter de ses excellentes relations pour amadouer les parrains d'une conspiration abjecte du silence presque officialisée. En contrepartie, il me propose de salarier sa progéniture qui injecterait 15 000 euros dans une prise de participation au capital de ma société. Un curieux *deal* qui explique le fonctionnement des emplois fictifs dans certaines villes de France et un mécanisme mafieux pour prendre *incognito* le contrôle d'un établissement de nuit à fort potentiel. Car pour prospérer dans un *business* très réglementé, il faut bien entendu copiner avec les dépositaires de la loi qui ont le droit de vie ou de mort sur un débit de boissons : élus, gendarmes, douaniers... C'est là qu'on opère une soudure entre le légal et l'illégal, au cœur de la démocratie, à travers des petits arrangements entre amis inconnus du grand public qui faussent toutes les règles de la concurrence.

Si la bonne foi d'André me semble authentique, celle des comploteurs effacés adeptes de mon lynchage administratif organisé me paraît, en revanche, beaucoup plus suspecte. Ne m'avaient-ils pas laissé investir dans leur ville, en m'accueillant derrière des sourires hypocrites, avant de dégainer l'arme de la bureaucratie mafieuse ? Ne m'avaient-ils pas tendu un piège pour me contraindre ultérieurement à négocier un terrain d'entente sur fond de basses manœuvres qui rapportent gros ? Le chantage serait subtil : déposer le bilan ou rentrer dans un groupuscule de notables mafieux, en apparence honnêtes, qui captent des actifs par le droit, jamais par la force, l'opération consistant à s'octroyer des privilèges par un *lobbying* astucieux et secret, loin de l'image des *mafiosi* armés de révolvers comme dans les films d'Hollywood. C'est ainsi qu'une mafia financière marque son territoire.

Me heurtant constamment à l'infranchissable, n'ayant plus les mains libres, j'accepte l'aide d'André. Pas le choix !

Ce jour-là, le soleil cogne. André, sa fille, mes parents et moi entrons dans l'hôtel de ville. Trois points demeurent certains au moment où nous pénétrons dans la salle du conseil municipal : André jouit manifestement d'un droit supérieur, mon entreprise est au bord du dépôt de bilan, ma carrière repose sur cet entretien décisif.

Un élu en chemisette s'assoit en face de nous, le sourire forcé, les lunettes de travers, juste devant le portrait de Jacques Chirac, président de la République suspecté d'emplois de complaisance à la Ville de Paris. Je me recroqueville sur ma chaise, silencieux, dans le box des accusés, le front perlé de sueur. Seule une autorisation d'ouverture tardive me manque pour espérer m'en sortir, puisque la gérante d'un bar voué à disparaître m'a donné son accord pour me céder sa licence IV en contrepartie d'un emploi, d'un acompte important versé par mon brasseur, puis d'un paiement échelonné mensuellement.

Mon procès démarre. André prend la parole :

— Nous avons besoin d'un arrêté municipal pour exploiter jusqu'à 4 heures du matin, les samedis et veilles de jours fériés.

— J'ai toujours dit que je ne voulais pas de discothèque en centre-ville ! renchérit monsieur le maire.

— C'est notre seule solution. Nous ciblons les plus de 40 ans lors des soirées.

— Que vais-je répondre aux voisins s'ils se plaignent de nuisances sonores ?

— Ce ne sont pas les adultes qui sèment la zizanie ! Ma fille est prête à investir dans le capital du dancing. Et tu me dois un service ! As-tu oublié les élections municipales précédentes ? Nos listes ont fusionné grâce à moi. Si je n'avais pas été là, tu n'aurais pas été élu au second tour ! C'est la liste de gauche qui aurait remporté la mairie ! Tu te souviens ?

— Bon, je vais réfléchir…

Au bout d'une demi-heure de plaidoirie au cours de laquelle je suis presque resté muet, le jugement est mis en délibéré. André est confiant. Sa fille réservée. Mes parents dépités. Moi complètement abattu.

C'est dimanche. Valses, tangos, javas s'enchaînent. Deux cents retraités voltigent. Derrière le comptoir du grand bar, Henriette a beau m'affirmer que mon affaire marchera, d'après son don de voyance, je n'ai pas le moral. Je contemple angoissé les cheveux grisonnants, les visages diamantés de paillettes des femmes coquettes, les musiciens joyeux postés sur la scène…

Et soudain, le drame ! Une boule à facettes se détache du dôme des jeux de lumière puis s'effondre lamentablement sur l'épaisse chevelure d'une cliente sidérée qui se cambre. Je n'en crois pas mes yeux horrifiés. Je n'ai pas le temps d'ouvrir la bouche pour exprimer ma stupeur qu'une puissante symphonie de « Ohhhhhhh ! » résonne dans mes oreilles. L'arrêt brutal de la musique amplifie la gravité de l'instant. Nous sommes tous médusés !

Figé par la peur, je laisse un homme se saisir de la boule à facettes qu'il jette dans le local des amplificateurs avant de porter secours à la malheureuse perdue dans les bras de son tendre mari. Elle n'est pas blessée, juste choquée. Ses amis parisiens la soutiennent jusqu'à sa banquette où elle reprend peu à peu ses esprits. Débute alors dans ma tête un long apitoiement. Le bâtiment de Robert n'est-il pas trop vieux pour être exploité ? Dorénavant, à chaque fois que je m'y engouffre, un mal-être vertigineux m'habite. Je l'attribue à l'humidité excessive qui y règne occasionnant des bruits suspects qui surgissent du néant. Que faire ?

Mes problèmes se chevauchent. Et ce n'est pas fini ! Ma vieille Clio blanche rend l'âme. Par amour, mes parents me prêtent un peu d'argent pour que je puisse acheter un véhicule d'occasion. Tout est compliqué quand on est pauvre : se loger, se nourrir, se chauffer, se vêtir, se soigner, se déplacer.

Cette aide financière me permet d'acquérir un vieux véhicule robuste et de prendre cinq jours de repos ensoleillés. Sans pouvoir le rationaliser, je ressens le besoin impérieux de m'arrêter au sanctuaire de Lourdes, dans le sud de la France, où la Vierge Marie est apparue à sainte Bernadette Soubirous. Là aussi où, lors de l'unique voyage de sa vie, ma grand-mère maternelle fut témoin d'une guérison décapante au cours d'une célébration en l'honneur des malades.

Dans la cité mariale désertée par la chaleur caniculaire de l'été, je traîne ma dépouille comme un sac. Tel saint Thomas, bercé par les récits du miracle vu en direct par ma grand-mère, j'attends à mon tour un miracle détonnant pour croire en l'impossible. Mais rien. Il ne se passe rien d'extraordinaire.

Près de la source vive de la grotte de Massabielle, je suis spirituellement sec. J'éprouve des difficultés à prier, tellement je rumine mes échecs en permanence. J'allume un cierge davantage par réflexe que par foi avérée. Je pose ma main sur les pierres de la grotte polies par des millions de pèlerins. Je le fais plus par superstition que par espérance. La Vierge Marie ne voit-elle pas ma misérable détresse maquillée par ma jeunesse au milieu des malades, des handicapés et des personnes âgées ? Mais avant d'obtenir une grâce inespérée, ne dois-je pas me repentir, corriger mes innombrables défauts, reprendre le chemin d'une moralité supérieure ?

De retour de Lourdes, un petit miracle se produit. Dans ma boîte aux lettres, je découvre une enveloppe dans laquelle un arrêté municipal m'autorise à exploiter mon dancing jusqu'à 4 heures du matin, les samedis soir et veilles de jours fériés, à titre précaire et révocable à tout instant. Le plaidoyer d'André a fonctionné. Toutefois, cette visibilité à court terme – ainsi que l'opposition de nos valeurs et son attrait prononcé pour l'occultisme – m'empêche d'intégrer sa fille en contrat à durée indéterminée. Notre projet d'association capote. Le *deal* est rompu, sans qu'André et moi profitions de notre petite victoire au goût amer, pour un motif étranger à notre ressort. Un échec perçu comme une véritable provocation dans un coin de France où on vante « la famille ».

Pour ne pas gâcher mes vacances, mes parents ont attendu mon retour de pèlerinage pour m'apprendre la terrible nouvelle. Au cours du thé dansant dominical durant lequel je me suis absenté, un client a succombé à un malaise cardiaque. Papa et Maman ont dû gérer le macchabée en compagnie d'un couple extraordinaire de bonté que je ne remercierai jamais assez. Il n'en fallait pas plus pour me sentir au plus mal. Encore une déconvenue. Mortelle, cette fois.

3

La mise à mort

Dans une salle de réunion moribonde, un commissaire aux comptes et mon comptable brossent la situation désastreuse de mon premier bilan comptable : il accuse un déficit de 40 730 euros. Une lourde perte presque insurmontable. Mes thés dansants et soirées rétro ne sont pas assez rentables. Puis le couperet tombe. Brutal.

Verdict des deux chirurgiens opérant le cas désespéré de mon entreprise en mort clinique : il faut déposer le bilan ou créer un électrochoc immédiat pour la ressusciter. L'ultime espoir : transformer mon dancing en discothèque à forte rentabilité. Comme Robert par le passé. Un immense défi à relever. Seul. À 25 ans. Sans parrain dans le milieu. Sans argent. Sans expérience nocturne. Sans tenir compte des folles rumeurs d'assassinat de patrons de discothèque, ni des risques liés au « milieu » à proximité, « très actif » selon un gendarme.

Quand mes deux collaborateurs en cravate m'annoncent cette terrible dialectique, en une fraction de seconde, toutes mes certitudes s'affaissent dans le néant de ma vie décousue. Me battre contre la faillite devient mon seul mot d'ordre, mon seul plan de bataille, ma seule obsession. Benjamin d'une famille modeste originaire du milieu agricole, j'ai été éduqué selon les valeurs chrétiennes, sans pratique religieuse. Notamment un principe : tu gagneras ton pain à la sueur de ton front. Mon erreur fut sans doute d'avoir voulu le faire si jeune, à mon compte, sans piston, dans un environnement hostile – et en misant toutes mes économies dans la création risquée de ma société.

En dépit des risques, je me résous à transformer mon dancing, nommé « Les Passionnés du tango », en discothèque, « La Couronne ». Pas le choix.

Sa villa est perchée dans un écrin de verdure. Je n'ose pas m'avancer tant je me sens pauvre et minuscule face à la beauté du décor verdoyant. Un vrai jardin d'Éden ! Le signe d'une grande fortune amassée et investie en partie dans ce cadre bucolique.

Je dois obtenir son consentement. Le cœur serré, je sonne à la porte d'entrée. Robert m'ouvre. Puis il m'invite à pénétrer chez lui.

Nous accédons au salon. À quelques mètres de nous, habillée en noir – la couleur de la mort –, l'épouse de Robert agonise dans son fauteuil roulant tel un cercueil métallique, la tête bancale animée comme un ressort, les mains tremblantes, le reste du corps agité par des grelottements. Deux agents de soin s'affairent à diminuer les effets désastreux d'une maladie dégénérative qui la torture. Je compatis piteusement d'un regard de pitié. Robert est embarrassé.

Étant donné qu'il ne me propose pas de m'asseoir, je casse la morosité ambiante en entrant dans le vif du sujet, debout, devant une vieille pendule :

— Je dois transformer mon établissement en discothèque. Mes thés dansants et soirées rétro ne sont pas assez rentables.

— Ah ?

— J'ai obtenu une autorisation d'ouverture tardive et j'ai trouvé une licence IV. Il ne manque plus que votre consentement.

— La mairie t'a donné son accord ?

— Oui.

— Comment tu as fait ?

— C'est une longue histoire…

Robert n'en revient pas : j'ai décroché une autorisation d'ouverture tardive municipale ! Un exploit, tant les tensions sont encore vives entre les locataires de l'hôtel de ville et lui, dix années environ après la fermeture administrative du Mystère. Puis, sans bouger, il me fixe du regard, durant un long silence inquiétant. Le sage cherche les mots justes. Les trois premiers fusent, inattendus :

— Attention au milieu.

Les mauvais souvenirs flottent à la surface de sa mémoire : braquage, kidnapping de son épouse, coups de feu en pleine soirée, bagarres à l'arme blanche, tentative de corruption d'agents du fisc, racket, conflits récurrents avec les pouvoirs publics, actions frauduleuses de la concurrence, décès d'un fêtard…

Je sais désormais à quoi m'attendre.

Pas de refus à mon changement d'activité.

Le grand escalier en bois grince encore. Ce bruit sous mes pas me donne l'impression que des cris m'attendent aussi à l'étage. Car j'ai été convoqué. Poliment, par téléphone, *via* une secrétaire. Ça n'augure rien de bon, mais faire le mort n'aurait pas été correct.

Cette fois-ci, ils me reçoivent à deux, dans le bureau du maire. Le rapport de force joue en ma défaveur. Lui, l'habitué des inaugurations mondaines et des sourires dans la presse, le regard sévère, les lunettes droites, la cravate laide. L'autre, assis en perpendiculaire de son mentor, l'inconnu de service à qui revient la charge de mon problème. Le ton est donné d'entrée :

— Une rumeur court disant que vous voudriez ouvrir une discothèque pour les jeunes ?

— Oui, c'est vrai. Je n'ai plus le choix. Mes thés dansants et soirées dansantes ne sont pas assez rentables.

— T'as qu'à déposer le bilan !

L'espace d'un instant, je reste sans voix. Entendre une telle missive d'un homme soi-disant catholique me laisse perplexe. Si les voies du Seigneur sont impénétrables, celles de ses serviteurs posent beaucoup plus de problèmes…

Mon âme de guerrier reprend le dessus. J'énumère un par un les coups bas de mes interlocuteurs : le droit de préemption sans m'en avertir, des contrôles administratifs téléguidés, le clientélisme en faveur de l'association subventionnée du troisième âge qui organise des thés dansants dans une salle municipale à cinquante mètres seulement de mon établissement, le vivier électoral des personnes âgées à bichonner votant massivement pour l'équipe municipale en place, la bonne odeur de protectionnisme béant. Rien que ça ! Pour le reste, je n'ai pas encore de preuve.

Carrières obligent, pour les deux garants de la loi, tout est de ma faute : une mauvaise étude de marché, un malheureux concours de circonstances, des oublis involontaires. Si je comprends la colère légitime de l'élu qui m'avait exposé son souhait de ne jamais avoir de club au cœur de sa localité, j'accepte beaucoup moins sa politique politicienne qui m'oblige à ouvrir une discothèque. J'y suis contraint, la mort dans l'âme, pour éviter la faillite et des années de précarité.

L'entretien houleux prend fin. Aucun sourire. Les visages sont crispés, la guerre est déclarée. Ma condamnation à une mise à mort sociale se décrypte dans les yeux sombres – les fenêtres de l'âme – du gouverneur de la ville. Je refuse de me soumettre à une autorité humaine mauvaise. Comme Jésus-Christ, je tends l'autre joue. Je préfère mourir debout plutôt que de vivre à genoux.

La mort rôde. À force de recevoir des coups, je ne sens plus vraiment la douleur. Elle habite en moi. Autrefois, je me croyais invulnérable, comme tous les délinquants routiers fervents de vitesse exagérée. Maintenant, je me sens faible, comme tous les accidentés de la vie. Je me tourne vers Dieu pour diluer mon vaste chagrin.

Sans animosité ni sympathie envers l'Église, je m'enferme dans une bulle impénétrable. Je vis ma foi en vagabond. L'envie d'aller à la messe ne m'effleure jamais l'esprit puisque je travaille tous les week-ends. Je devrais me démener pour trouver une solution humaine à mes déconvenues, mais à quoi bon ? Ma situation me paraît tellement désespérée que j'entrevoie uniquement l'idée d'un Dieu tout-puissant susceptible de me tirer d'affaire. Alors, au lieu de traiter des lettres recommandées reçues et des relances d'impayés, je passe peu à peu mes journées à marcher de longues heures dans la nature en égrenant un chapelet, ou assis à prier dans une chapelle. J'ai tellement honte de ma déchéance que je refuse d'aller solliciter l'aide de la communauté des religieuses à deux pas de ma petite maison locative. Une question hante mes journées et mes nuits cauchemardesques : combien de temps pourrai-je tenir à vivre en ermite surendetté, avec le spectre d'un dépôt de bilan sur mon *curriculum vitae* dès 25 ans ? Je suis tellement mal que je me soupçonne d'être un fou qui prend conscience de ses faiblesses, sans solution, pratiquant une dérive sectaire individuelle.

Suis-je à la recherche d'un tranquillisant intellectuel pour détourner mes obligations ? Pour en avoir le cœur net, un jour, je sollicite un entretien auprès du prêtre de ma bourgade qui me reçoit gentiment dans sa maison paroissiale vétuste. Devant assistance à mon âme, il m'écoute patiemment sans me juger. Je lui parle à cœur ouvert. Ma vie ressemble à celle d'un sprinteur cycliste lâché dans une étape de montagne du Tour de France, avec des hauts et des bas, des chutes, de maigres espoirs de recoller au peloton de la vie. Je suis loin derrière les autres, perdu. Ne connaissant presque rien aux sacrements catholiques, je demande humblement une bénédiction au prêtre dont j'ai vaguement entendu parler. Il paraît que ça peut m'aider. Revenir si piteusement au catholicisme après l'avoir abandonné adolescent est bien l'expression pleine de ma haute médiocrité. Cependant, j'en suis conscient, ma démarche ne se soldera pas par une gifle d'un curé vieillissant vu ma carrure de sportif, ni par une expédition punitive surgie du Ciel menée par des anges revanchards armés de battes de base-ball. Le pardon est la force du christianisme.

Assis en face de moi, l'ecclésiastique pose une main sur son livre de prières puis lève l'autre main à environ cinquante centimètres de ma tête. Il effectue un signe de croix dans ma direction en lisant à voix haute sa bénédiction. Aussitôt, une chaleur intense m'enveloppe, à laquelle je ne m'attendais pas. Tendre et consolante. Inexplicable. Semblable à celle qui me câline devant un feu de cheminée. Est-ce un signe de la providence ou une hallucination ?

À trop vouloir espérer, je peux fabuler... Je partage mon émotion au prêtre, lequel m'encourage à persévérer dans la foi. Et à croire au miracle.

La peur s'installe, les soucis également. Un malfrat a escaladé la toiture de mon établissement pour casser la vitre de l'appartement où je me repose les week-ends. Que ce voyou se soit donné tant de peine pour marcher sur de vieilles tôles abîmées, à une hauteur mortelle en cas de chute, en journée, avec le risque inconsidéré d'être vu, en plein centre-ville, en dit long sur ses motivations.

Mes soupçons s'orientent vers deux auteurs éventuels de cet acte. Mais pas de preuve tangible. Rien n'a été volé. Les appartements voisins n'ont pas été vandalisés. Manifestement, je marche avec un point rouge dans le dos. On m'espionne. On me vise. On veut me pousser à l'exode. De la glu a été versée dans la serrure de mon commerce. Les commandes extérieures du chauffage ont été coupées. Les pneus de la voiture de ma mère garée dans une impasse ont été les seuls crevés parmi les autres véhicules stationnés. L'intention de nous nuire est indiscutable.

Je refuse de céder aux intimidations. Sans en parler à mes parents, je reste persuadé que vouloir me malmener jusqu'au suicide est l'art d'un beau voyou. C'est le crime parfait, sans blessure ni risque carcéral. La violence physique, c'est moins efficace que le harcèlement. Et les hématomes disparaissent, à l'inverse de la peur qui s'installe durablement dans le ventre d'une personne fréquemment agressée.

Malgré les éclaboussures d'un harcèlement sans fin, une bonne fée a dû se pencher sur moi. Un mardi matin, je découvre un imposant jeu de lumière sur la piste de danse qui s'est détaché du plafond depuis dimanche soir dernier. Il s'est écrasé sur le parquet, par chance lorsque mon établissement était désert. Vu son poids de plusieurs kilos, il aurait pu tuer un client en cas de choc sur la tête. Cela aurait été la tragédie de trop. Après la chute de la boule à facettes sur une retraitée, j'explique cet aléa par l'usure, sans chercher plus loin. La thèse d'un acte de vandalisme est à exclure. Les ouvertures cadenassées n'ont pas été forcées et on ne peut pas marcher sur les rouleaux de laine de verre dans les combles.

Mon téléphone portable vibre dans la poche droite de mon jean. Occupé à effectuer des réglages de sonorisation en compagnie de mon disc-jockey en vue de l'ouverture de La Couronne prévue demain soir, je ne décroche pas. Plus tard, j'écoute le tendre message de Paul, patron de la discothèque voisine, Le Bronx : « Eh bien, bonjour, Monsieur X. J'imagine que vous devez être occupé. Je voulais vous souhaiter bonne chance et vous jurer que vous allez crever avant moi ! Ça, c'est moi qui vous le dis ! » Ni tapis rouge, ni meutes de journalistes pour m'accueillir dans le cercle fermé des apôtres de la nuit. Juste des menaces, des dégradations, des insultes. Ma routine.

Je file *illico* à la brigade de gendarmerie à proximité, tourmenté par tous mes confrères assassinés par la voyoucratie. Après une courte attente dans une pièce minuscule servant d'accueil aussi gaie qu'un orphelinat, je signale au planton de faction la raison de ma présence. Je lui tends mon téléphone afin qu'il écoute la menace dont je viens de faire l'objet. Il s'exécute. Puis, d'une manière expéditive autant qu'illégale, il m'interdit de porter plainte contre son auteur pourtant facilement identifiable. Ne mesurant pas bien la capacité de violence de mon futur homologue, j'insiste. En vain. D'un ton cassant, le militaire me lance un avertissement limpide :

— S'il y a des emmerdes entre les deux boîtes de nuit, je demande leur fermeture administrative. OK ?

Double peine. L'expression « trahir sa mission » prend tout son sens. Je m'incline et sors des lieux sans un mot. Vu le protectionnisme ambiant, je n'écarte pas l'hypothèse d'un système de poursuites judiciaires à géométrie variable fondé sur des ententes illicites. Car pour garder leur monopole, des discothécaires expérimentés sont prêts à tout quand leur patrimoine est en jeu. Ils disposent de deux défenses immunitaires : un système de « veille » et une mosaïque de « protections ». À force de se fréquenter, des compromissions se nouent entre des hommes de loi et des patrons de discothèque. Tous ont des avantages à coopérer. Les uns confortent leur carrière grâce à leurs indicateurs en première ligne des trafics de stupéfiants. Les autres négocient l'étouffement systématique des plaintes, échappent à des sanctions pénales, voire commanditent la descente d'un service de répression chez un rival embarrassant. Ces pratiques sont légion et bénéfiques à long terme. La bonne question est de savoir qui manipule qui, puisque des dépositaires de la loi dérapent dans un engrenage mafieux. Pas étonnant que Paul ait planifié des soirées gratuites ou des *shows* avec des stars dans une guerre commerciale visant à contrecarrer le lancement pacifique de ma boîte de nuit.

C'est le jour J. Je porte ma croix dans le couloir du monde de la nuit. Je suis seul, dans mon bureau miteux, les yeux larmoyants. La peur dans les entrailles, je vois dans le miroir face à moi l'image du condamné que je suis.

Dans quelques minutes, je vais ouvrir une discothèque à l'aube de ma vie d'adulte. Sans soutien. Contre des élus vengeurs. À la limite de l'interdiction bancaire. Menacé par un voyou de la nuit bénéficiant d'une évidente immunité pénale. Avec le devoir absolu de réussir puisque mes parents sont caution solidaire d'un prêt bancaire. Difficile de faire pire ! Si j'échoue, je les jette à la rue. Si je réussis, je dois m'attendre au pire du pire, selon Robert. Comme une députée assassinée il y a une vingtaine d'années, officiellement abattue par la pègre nocturne du Var, un département où la politique et le grand banditisme empruntent souvent les mêmes chemins rocailleux.

La rumeur publique dit que le monde de la nuit est mafieux. Qui n'a jamais entendu parler d'établissements de nuit incendiés par des criminels, de règlements de compte morbides, de convoitises sur un club prometteur ? Il n'y a pas de fumée sans feu. Avant même que je n'évolue dans cet univers sordide, une question m'habite depuis la missive de Paul : comment vais-je m'en sortir vivant ? Se faire tuer dans l'exercice de ses fonctions n'est pas si courant. Dans l'empire de la fête, si. On y entre vivant. On en ressort alcoolique, emprisonné, ruiné, exilé à l'étranger ou mort. Il n'y a guère d'autres choix, selon l'avocat d'un syndicat professionnel. Dans l'entreprenariat nocturne, vaincre la concurrence est un impératif, une question de vie ou de mort. C'est pour cela qu'il est régenté par des règles tacites dictées par les balles et la culture de l'illégalité, rarement par le code pénal, derrière un schéma de conscience où tout est bon pour faire du profit – quitte à éliminer celui qui dérange.

22 h 30, premier coup de sonnette. Trois femmes quadragénaires défient l'immensité de La Couronne et

l'inexpérience de mes collaborateurs recrutés à la va-vite. Après elles, près de deux cents curieux osent entrer dans ma basilique festive qui peut en contenir quatre fois plus. Pas de miracle. Ma descente aux enfers continue. Pire, comme on me l'avait bien fait comprendre par le déchirement systématique de mes affiches publicitaires, en cours de soirée un comité d'accueil très spécial célèbre mon arrivée dans l'univers festif : des délinquants aux ordres d'un concurrent vandalisent un véhicule sur la voie publique près de La Couronne. Quatre finalités à cet acte délictuel : salir l'image de mon club auprès des riverains conviés à se plaindre à la municipalité, faire fuir mes clients potentiels, les inciter à retourner sagement faire la fête chez le commanditaire de cette manipulation, trouver un mobile aux autorités locales pour diligenter la fermeture administrative de ma boîte de nuit en m'incriminant la responsabilité d'une fausse insécurité. Terrible baptême du feu.

4

La culture de la mort

FINIES les caresses sur mon âme de Yann Tiersen, un excellent pianiste breton. C'est l'heure. Je m'enfonce dans la noirceur de La Couronne en prenant soin de refermer la porte d'entrée aussitôt derrière moi, histoire d'esquiver une éventuelle agression.

La fine lumière de mon téléphone portable disloque l'obscurité qui m'entoure. Ce faisceau de lumière perturbe une tranquillité pesante et humide. Je marche jusqu'au tableau électrique général. Machinalement, mes doigts amorcent tous les disjoncteurs utiles à la magie du décor féerique de la fête. Les ampoules multicolores du bar s'embrasent, puis les néons de l'enseigne extérieure, le vestiaire, les toilettes, les jeux de lumière… Les boules à facettes se mettent à danser. Je vaporise partout un parfum de menthe, histoire de camoufler l'odeur de renfermé persistante. Puis je dépose une caisse au grand bar, une autre sur une table en bois du vestiaire, la dernière à l'entrée près de la caisse enregistreuse. Je contrôle le bon fonctionnement des talkies-walkies des vigiles. Dernier réflexe : j'allume la machine à café pour m'en servir un premier dès que possible, avalé par petites gorgées, avec ou sans sucre selon mes frissons de fatigue. Toujours le même rituel en début de soirée avant l'arrivée des barmans, du disc-jockey, des agents de sécurité et des nuitards. Démarre l'attente de faire le même rituel, en sens inverse, de préférence les caisses garnies, avant la douche finale pour me débarrasser des odeurs de transpiration et de tabac.

C'est la fin de la soirée. La sentence tombe : à peine deux cents clients. Minable. La Couronne vidée de ses rares braillards, mon stress lié au trop faible chiffre d'affaires me retourne l'estomac lorsqu'un vigile déboule bruyamment dans mon bureau miteux, l'angoisse gravée sur son visage tendu. Une porte des sanitaires des femmes est fermée de l'intérieur. Un mauvais signe.

En quelques secondes, nous nous précipitons sur le lieu hypothétique d'un crime, équipés d'un tournevis plat trouvé dans une caisse à outils. Mon cœur se serre. Mon imagination élabore tous les scénarios plausibles : le cadavre d'une demoiselle abandonnée par son prince charmant les veines tailladées par désillusion sentimentale, une fille violée recroquevillée sur elle-même épouvantée, une victime d'un meurtre morbide effondrée dans un bain de sang comme dans les séries télévisées... puis la figure cramoisie d'un élu prononçant ma condamnation à perpétuité sous les cris d'une foule de riverains hystériques.

L'attente est interminable, le silence lourd, la lumière du néon fade. Je me tiens debout en espérant que si le ciel me tombe dessus, il ne me raterait pas. L'éternité se glisse durant ce quart de seconde, entre cet instant et l'instant de vérité. Puis le verdict.

Mon physionomiste ouvre lentement la porte hideuse qui laisse apparaître une jolie femme inanimée macérant dans une odeur d'urine, étalée dans son vomi, un bras ballant sur la cuvette, ses cheveux et ses bras trempés d'excréments comparables à des lambeaux de chair d'un macchabée putréfié. L'horreur absolue. Mon premier coma éthylique, un choc émotionnel d'une extrême violence. Le premier d'une longue série.

Les jeux de lumière tourbillonnent au-dessus des crânes clairsemés. Mes oreilles friables n'appréciant guère le crachat strident des enceintes, je m'évade de ma prison dorée pour aller discuter avec mon nouveau maître-chien, employé en sous-traitance, à la carrure d'une armoire à glace.

Dehors, la température glaciale cristallise l'horizon. Dans ce beau panorama naturel, il s'éternise là, tétanisé par le froid, dans sa grosse doudoune qui lui sert de carapace, près des statues des deux lions érigées devant La Couronne. Comme le roi des animaux, il est costaud, grand, impressionnant, chargé de combattre les intrusions qui menacent la tribu des noctambules.

D'ordinaire timide et réservé, j'engage la conversation avec lui en caressant son rottweiler à muselière dans le bon sens du poil. Des réponses brèves fracturent le silence à mes questions : des « oui » ou « non » en forme de refus solennel à toute tentative de dialogue. Comme si je dérangeais l'adorable complicité entre l'homme et la bête unis sous la puissance des éléments. Je rebrousse chemin. Il ne veut pas parler.

Je regagne mon poste d'observation préféré, en hauteur, près du grand bar dominant la piste de danse duquel je visualise l'idolâtrie des paillettes sur quelques âmes. La chaleur de la fête est en décalage avec la température extérieure. Le souvenir d'une rumeur disant qu'un fêtard expulsé serait décédé d'hypothermie, au temps où Robert tenait les manettes du Mystère, refait surface dans mon cerveau. Alors, je passe derrière le bar puis saisis un plateau en métal sur lequel je pose deux tasses de café pleines assorties de morceaux de brioches, deux cuillères, deux morceaux de sucre. Et je retourne dehors.

Je lis dans les yeux de mon vigile et de son complice à quatre pattes que mon retour muni de réconfortants plaît. Avec ce café chaud, je tente à nouveau de fondre la glace entre l'homme si silencieux et moi. Deuxième échec. J'abdique définitivement.

Je repars en sens inverse, muni du plateau argenté et de ses accessoires inutilisés. À aucun moment ne m'effleure l'idée que je ne les reverrai jamais, sa bête et lui, après leur nuit de travail cadencée par un silence de mort. La faute à ce suicide, peu après, geste ultime d'un ras-le-bol absolu. Mon premier mort dans l'équipe.

Le printemps bourgeonne. Rongé par les soucis et les nuits d'insomnies, les préoccupations les plus graves s'entrechoquent dans ma tête. Après une énième soirée sans perspective d'avenir favorable, j'avale les kilomètres au volant de ma voiture pour me glisser rapidement sous une couette. Si Dieu m'aime, pourquoi me rend-il si malheureux ? Ai-je un destin tracé d'avance depuis ma naissance ? Est-ce qu'il teste ma foi dans l'épreuve ? Mes neurones athées séduisent leurs homologues chrétiens et créent une rébellion romantique dans ma tête.

Je traverse un village proche de mon domicile. Mes derniers kilomètres. L'épuisement sévère, la lucidité minimale, les bâillements suspects, mes yeux se plissent… Puis s'ouvrent. Terrifiés ! Ma voiture tremble, sur l'herbe près d'un fossé, à près de 80 kilomètres-heure ! Tout va très vite. Ni une ni deux, je contrebraque brusquement pour revenir sur la chaussée d'un geste fort. Trop ! Désarmé, mon véhicule est incontrôlable ! Je crie. Gauche-droite.

Gauche-droite. Tout se retourne autour de moi. Je frôle une haie d'arbres, synonyme de décès quasi assuré si je m'y étais encastré. Ma vieille voiture s'immobilise enfin sur la route, après un possible tonneau évaporé de ma mémoire secouée. Dans une légère descente. Sur un axe passager. En pleine ligne droite. Dans une brume fine. La tête renversée par une violente secousse. À l'heure des retours meurtriers des discothèques. Et ma porte refuse de s'ouvrir ! La mort me ceinture ! Un cauchemar bien réel.

Par instinct de survie, après quelques instants de néant, je porte des coups vigoureux contre le pare-brise rayé. Je suis effrayé à cause de ces maudites scènes de films qui tournent en boucle dans ma tête, dans lesquelles des conducteurs finissent calcinés dans leur bolide enflammé. Un autre véhicule déboule, au loin, prêt à me fracasser violemment, propulsé à grande vitesse dans son armure métallique lumineuse.

Ces deux phares m'éblouissent. Sinistre compte à rebours ! Maudite tôle froissée ! Je vais mourir. Le véhicule se rapproche. Me voit-il ? Il arrive ! Je ferme les yeux, blasé, préférant ne pas regarder…

Vie ou mort. Pile ou face. Il paraît que lorsqu'on est prêt à mourir, on voit un film qui retrace les moments importants de sa vie. Moi non. Telle une pauvre bête qui agonise acceptant de mourir, je soupire une dernière fois. Mes yeux se ferment… Et boum !

Encore un choc. La vie est parfois plus cruelle que la mort. J'observe avec dégoût la personne qui aurait pu entrer en collision avec mon cercueil métallique. Elle ralentit. Insensible, elle me contourne avant de s'envoler lâchement, sans me porter assistance, dans un délit de fuite d'un rare sadisme.

Au bout d'efforts indéfinissables, je m'extrais de mon amas de tôles. Physiquement indemne, psychologiquement blessé. Dieu m'a-t-il protégé ou joue-t-il avec mes nerfs ? Mon épuisement, les arbres évités de peu, la vitesse au moment de ma perte de contrôle, la piètre visibilité nocturne, le carambolage évité, l'état de mon armature en ferraille, tous ces éléments concouraient à ce que mon existence s'arrête à ce carrefour de la mort. C'est étrange, la vie. Elle bascule sur des détails – quelques centimètres heureux, pour ma part.

Debout, évasif, près des restes fracassés de mon patrimoine éparpillés sur la chaussée, dans l'harmonie du chant des grillons, je me plie sans difficulté à l'alcootest des gendarmes qui viennent d'arriver. Pas d'alcool ni de stupéfiant dans le sang. Normal, je ne bois jamais au travail et ne consomme jamais de psychotropes. Selon un gendarme, je suis un miraculé. Je nuance son avis, tant ma fatigue est voulue par des manutentionnaires d'un harcèlement illimité qui a failli m'être fatal.

Mardi matin. Le numéro du banquier s'affiche. Je décroche.

— Bonjour monsieur, j'ai quatre chèques qui passent à l'encaissement sur votre compte. Il n'y a pas les provisions suffisantes. Je peux les faire traîner un ou deux jours. Pas plus. Il faut trouver une solution d'ici là. Déposez vite 3 000 euros sur votre compte. Sinon, je mets fin à l'hémorragie. Votre nouvelle activité est blacklistée dans ma banque. Je ne peux pas faire plus. Désolé.

— OK. Je vais faire le maximum.

Du fournisseur d'une caisse enregistreuse qui m'avait promis d'encaisser son chèque dans deux mois à l'autre qui craignait de ne pas être payé, j'ai le sentiment de poursuivre inexorablement ma chute en enfer. Je n'en peux plus de la pression, du monde de la nuit que je hais, des crapules qui empoisonnent mon quotidien d'insultes, de menaces, d'actes de vandalisme. Comme si cela ne suffisait pas, une pétition de voisins a été déposée sur le bureau d'un élu qui n'en demandait pas tant. C'est à qui me donnera le coup de grâce.

Même si la situation est catastrophique, Kamel, mon nouvel associé, injecte 15 000 euros pour renflouer une partie des dettes de notre société bancale en rachetant les parts sociales de ma mère et de mon frère, associés furtifs. Les risques les plus graves s'éloignent pour eux. Les miens augmentent auprès d'un mystérieux personnage n'ayant peur de rien. Ni de la faillite, ni de la mort.

L'espoir de nous en sortir demeure. Infime, mais réel.

Le soleil m'accompagne. J'entre dans une petite chapelle dépourvue d'extravagances consacrée à l'Immaculée Conception. C'est mon refuge. Comme un clin d'œil du destin, ce bijou du patrimoine est situé sur la route qui mène à la discothèque de Paul, Le Bronx. J'aime venir prier ici, en toute confidentialité.

Comme à l'accoutumée, n'ayant rien à offrir à la Vierge Marie si ce n'est la noirceur de mon âme, je m'assois sur un vieux banc en bois, face au petit autel. Mes larmes lavent quelques péchés dans ce baptême du silence en offrande. Le cœur plein d'émotions, je m'incline devant la statue de la Sainte Vierge, mon espérance. Parce qu'elle représente l'amour maternel infini capable de tout pardonner, j'implore son intervention à l'heure où tout s'effondre sous mes pieds. La mère de Dieu a sauvé la France, fille aînée de l'Église catholique, durant ses apparitions miraculeuses lors d'invasions militaires ou d'épidémies de peste. Pourquoi ne pourrait-elle pas sauver l'un de ses enfants en détresse ? Je m'en remets à la volonté céleste, m'abandonnant à elle, sans raisonnement humain. Ma dévotion mariale est profonde. Je me tourne toujours vers Jésus par Marie, sans savoir pourquoi.

Sidéré par la violence des chocs émotionnels répétés que je subis, je me rends bien compte de la diminution de mes capacités intellectuelles. De l'abomination de la jeune femme en état d'ébriété avancé une nuit précédente, je revois la lumière fade du néon, mon T-shirt blanc, l'endroit où je me tenais. Mais rien d'autre. Le vide. Mon cerveau submergé par le dégoût a éjecté les images traumatisantes de la jeune femme ivre et sa prise en charge, comme on efface un fichier d'ordinateur d'un simple clic. Est-ce que je deviens fou ? Voilà une bonne question.

C'est un coucher de soleil qui ressemble à tous les autres. Les hirondelles plongent du ciel de soie pour frôler le bitume chaud. Entre les brises de vent légères et des odeurs épicées de grillades cuites au barbecue, l'air est moite. Des moustiques papillonnent autour des deux gros luminaires allumés à l'entrée de La Couronne. J'ai hâte de revoir le jour.

Tout au long de la nuit, ma tête de déterré s'affiche laconiquement près de la cabine du disc-jockey. Les tubes de Claude François n'ont aucun effet positif sur moi. Ma vie est comme une allumette prête à craquer sous le poids des malheurs, jusqu'à s'éteindre à jamais lorsqu'elle surgit dans le brouillard de ma vie.

Nos regards se croisent. Emmanuelle vient spontanément à ma rencontre puis me drague comme jamais cela ne m'était arrivé, sous l'emprise de ses désirs secrets. Sa peau de velours, sa silhouette élégante, son charme naturel : elle est magnifique ! Je tombe amoureux sous une couverture de sentiments, moi, l'insensible, envoûté par des regards de tendresse et les paroles d'affection d'une inconnue très entreprenante. Je sens qu'elle transforme ma vie, mon destin, mon équilibre. Et elle le fait, violemment. Le coup de foudre est immédiat.

Emmanuelle est belle comme une rose, élégante, féline, la crinière blonde éclatante, tel un ange aux yeux verts déchirant le ciel pour venir me secourir. Une grâce lumineuse émane d'elle. C'est irréel. Comme une princesse, elle m'ensorcelle. On l'aurait crue sortie d'un conte de fées. Ses lèvres peignent le plus beau des sourires. Elle se contorsionne avec lascivité dans La Couronne dont je désire déguerpir au plus vite. Elle aime la fête, s'habiller chic, séduire. Mon petit cœur, fréquemment secoué, l'est cette fois-ci à 9 sur l'échelle de Richter. Comme un énorme tremblement de terre sur une faille émotionnelle géante. Est-ce le besoin de reconnaissance qui m'empêche de l'éconduire ? L'insistance appuyée d'une déesse qui se jette dans mes bras ? Un désir trop violent d'être aimé ? Ou mes blessures profondes dues à une suite d'afflictions laborieuses ? Un peu de tout ça, sans doute.

La raison percute la passion. Et vice versa. L'une des deux doit s'écarter. Une amourette se noue entre nous, d'abord par nos yeux éblouis mutuellement, puis, les samedis suivants, par des caresses réconfortantes, et finalement par la fusion charnelle de nos deux corps. Sous l'emprise du whisky-coca pour elle. Moi sous celle d'une perdition sociale absolue.

Nuit ordinaire. Sauf à La Couronne, mise en orbite sur une autre planète. Deux étudiants tiennent les rênes d'une fête techno que Kamel et moi avons consentie dans notre édifice, en échange d'une recette prometteuse. Nous déchantons : c'est une rave party.

À l'extérieur, de gros chiens divaguent sans maître ni muselière. Des âmes errantes en capuche se délestent de la normalité. Ils jonchent les trottoirs de bouteilles d'alcool et de paquets de cigarettes, ce qui envenimera des conflits de voisinage. Des camions blancs à l'odeur de soufre s'apparentent à des repaires de dealers semi-grossistes.

À l'intérieur, je serpente entre des centaines de morts-vivants à l'esprit chimiquement survolté, au-delà de toute compréhension humaine. La plupart sont des marginaux en dreadlocks. Ils gesticulent devant un mur d'enceintes à fond les baltringues, en arborant des tenues vert kaki de l'armée. Ces corps lobotomisés suent le LSD, l'ecstasy, la cocaïne, le speed, les champignons hallucinogènes... La mort se lit sur des visages usés par la drogue, notamment dans les yeux écarlates d'une demoiselle qui snife son rail de coke devant moi. Comme des zombis. On se croirait dans le clip *Thriller* de Michael Jackson.

Les uns galèrent dans la vie. Les plus désespérés survivent dans le couloir de la mort, sous la perfusion des allocations, les neurones démolis par des orgies-défonces à répétition. La consommation à outrance de psychotropes abolit le discernement. Ils se croient libres, immortels, en marge du système. Ils en sont les premières victimes. Ils rejettent ses lois. Sauf celle de la défonce. La plus meurtrière. Celle qui les élimine par overdose. Par chance, pas ce soir. Aucun mort à déclarer.

Les enceintes crachent le remix *Four to the Floor* de Starsailor, qui cartonne sur les ondes radios. Devant mon manège enchanté, ils sont trois. Tout juste majeurs, pas athlétiques, mal fringués avec leurs T-shirts terreux à l'effigie d'une star de hard-rock, les étoiles dans les yeux trop brillants pour être sobres, les haleines carabinées. L'un d'eux est maçon, alcoolique notoire, sans permis. Il le revendique : il préfère boire sans limites à la conduite sans boire. Les deux autres sont inconnus au bataillon. Autres malheureux présages, ils sont les piliers d'un bar à la campagne détenant le record départemental de ventes d'un célèbre apéritif du sud de la France, d'après mon brasseur. Renseignements pris, leur conductrice s'est enfuie après les avoir déposés expressément sur le parking, pour se débarrasser du gros problème qu'ils représentent.

Mon ministère nocturne consiste à porter sur mes petites épaules les excès de la fête et d'arborer un air joyeux dans cette mission hors-norme, agrémentée par les dénonciations calomnieuses, les tragédies mortelles ou les débordements violents. Alors, que faire ? Cruel cas de conscience.

Kamel, physionomiste professionnel, ne veut pas les faire entrer. Moi, je ne veux pas les laisser dehors, dans le froid. Avec leurs tenues si frêles, près d'un boulevard fréquenté par des fans d'Ayrton Senna, il y a danger mortel. Commence alors une discussion entre mon associé et moi, chacun livrant ses arguments, sous les supplications des trois acolytes privés d'accès.

Ayant 51 % des parts sociales, j'impose sereinement mon avis. Je redoute la fermeture administrative en cas de dérapage des trois ivrognes sur le trottoir de la nuit. Et financièrement, nous ne pouvons pas nous permettre de refuser des clients. Kamel accepte. En échange, je lui promets de surveiller de près les trois mousquetaires qui sautent de joie à l'annonce de la sentence. Et la carte bancaire chauffe. Une bouteille de whisky commandée à l'hôtesse de caisse dans un patois alcoolisé issu de la vieille France. Il faut fêter ça, c'est leur droit. Libres à eux de ne pas la consommer aujourd'hui.

Les platines s'éteignent. La nuit se dévêt sous les yeux satinés qui caressent la dentelle de la fête. Des couples s'enlacent. Des célibataires cherchent l'âme sœur. Mon regard curieux scrute les derniers acteurs de l'ivresse humaine. Parmi eux, voûtés sur leur pouf, les dépouilles statiques des trois mousquetaires oscillent entre le comique et le mélodrame. Des cadavres ambulants. À leur table, autour des verres et des pichets de coca enquillés à tour de rôle, trois bouteilles de whisky sont exposées comme des trophées. Presque vides.

Chacun la sienne.

5

L'apocalypse

Je suis entré dans la vie d'Emmanuelle comme un figurant à un casting. Je peux y être expulsé à chaque instant. L'illusion n'opère plus. La réalité s'impose. Première surprise : Emmanuelle est maman d'une petite fille d'un an. Deuxième surprise : elle vit en concubinage avec le papa de sa fille. Troisième surprise : ils ne sont pas encore séparés, ce qui veut dire que je dois gentiment rester en périphérie d'Emmanuelle. J'ai déjà tout plaqué pour elle. Je me sens trahi. Je lui pose un ultimatum : je suis prêt à attendre quinze jours pour vivre auprès d'elle et m'occuper de sa fille comme son père. Pas un jour de plus.

Hors de question d'être un pion manipulé. À prendre ou à laisser.

En attendant sa décision, Emmanuelle me présente à sa tante sympathique. Sans trop savoir pourquoi, elle m'accueille sous une avalanche de compliments doux :

— Enfin, te voilà !

— Quoi ?

— Te voilà enfin !

— Que voulez-vous dire par là ?

— Tu es l'homme de sa vie !

— Ah bon ! Vous êtes voyante ?

— Oui.

— Vraiment ?

— Oui. Je lui avais dit : « L'homme de ta vie arrive bientôt. »

— Pour le moment, c'est elle qui refuse que je le sois !

— Sois patient... N'oublie pas, elle a une petite fille. Elle ne peut pas faire n'importe quoi.

— Moi non plus ! Mon entreprise est au bord du dépôt de bilan. Je dois vite prendre des décisions cruciales.

— Je vais te tirer les cartes et on va voir ça.

Bien plus tard, je m'installe, gêné, sur une chaise à la table d'un grand salon. La tante d'Emmanuelle lance sa séance divinatoire. Je n'ose pas l'interrompre. Les cartes défilent. Elles ne seraient pas bonnes. La représentation se conclut par une sentence :

— Je vais faire ce qu'il faut pour que tu t'en sortes.

Exprimée d'un ton assuré, cette phrase mystérieuse me met mal à l'aise. Justifiée ou non, elle entrevoit la possibilité d'une action magique pouvant avoir une emprise concrète sur ma vie future. Je ne suis pas rassuré.

En ayant accepté un tirage de cartes gratuit, je régresse dans l'absurde. Je quitte une attitude raisonnable en glissant dans l'irrationnel, comme d'autres fuient dans l'alcool ou la drogue pour se shooter l'imaginaire. Le lien de parenté entre Emmanuelle et ma diseuse de bonne aventure est un parti pris. Il influence mécaniquement les mots utilisés pour l'interprétation des cartes à laquelle j'accorde un crédit limité. De plus, il y a un risque de calquer ma conduite en fonction des événements annoncés, minimisant ma liberté d'agir. Je n'aime pas ça.

Malgré mes fragilités affective, financière et professionnelle, je ne suis pas dupe. Quelle crédibilité accorder à une démonstration divinatoire, sachant que son actrice principale me considère comme l'homme adéquat pour sa nièce ? A-t-elle fait le nécessaire pour m'en convaincre et pour que je le devienne ? Si son art occulte dit vrai, qui donne les réponses ? Le hasard ? Le démon ? La psychologie d'une femme connaissant des détails de ma vie avant de me rencontrer ? S'il n'y a pas de doute sur sa charmante hospitalité, je me méfie. Je ne connais rien à l'univers de l'occultisme mais je constate l'attitude incohérente de ceux qui s'y réfèrent régulièrement. Cela me rappelle un chef d'entreprise qui avait appelé une cliente voyante pour savoir s'il devait signer un contrat, ou les humeurs versatiles de la fille d'André qui semblait prendre ses décisions en fonction d'un tirage de cartes et non d'une raison éclairée. En parallèle, dès que je lui avais posé mon ultimatum, Emmanuelle ne m'avait jamais caché qu'un voyant le lui avait prédit. Il lui avait conseillé de répondre « oui » pour être heureuse. Décidément, cette sphère irrationnelle a trop d'emprise sur mes relations. Cela m'indispose.

C'est lundi. Bientôt 15 heures. Le soleil imprime sa beauté paradisiaque. Je divague, nébuleux, dans le petit jardin de ma maison locative. Je vais la quitter dans quelques jours, faute d'argent pour payer les loyers. Et vivre sans domicile fixe pour un temps indéterminé.

La sonnerie de mon portable retentit. Je le saisis. C'est Emmanuelle. Fin de l'ultimatum. Elle reste avec le père de sa fille. Elle est enceinte. Elle ne sait pas vraiment de qui. Elle va avorter. Je tombe des nues !

Toute mon énergie s'évapore subitement. Le cœur fendu, je m'écroule brusquement au sol, sans pouvoir anticiper ma chute, le visage plaqué sur le béton de la terrasse. La plus violente douleur existentielle s'engouffre dans chaque cellule de mon corps torturé. Sans bouger, mes larmes se déversent dans l'anonymat d'une réalité barbare. J'envie les morts.

Pendant des heures, je pleure comme un enfant, paralysé par une souffrance indélébile, la tête scotchée au sol. J'aimerais me relever. Je ne peux pas. Je ne peux plus. Je suis semblable à une larve rêvant de mourir pour mettre fin à un calvaire interminable. Tout m'écœure. Les hommes. La vie. Emmanuelle. Moi. Comment est-il possible d'être tombé si bas, en aussi peu de temps ? Pourquoi moi ? Comment m'en sortir ? Que faire ? Qui appeler au secours ?

Les cloches de l'église carillonnent, à quelques dizaines de mètres de moi. Par réflexe, noyé dans un océan insondable de souffrances physiques et morales, je hurle mon agonie en sommant la Sainte Vierge d'intervenir. Je me mets à réciter des « Je vous salue Marie » et des « Notre Père ». Mon ambition redescendue au-dessous du niveau de la mer, je délaisse ma vie sans valeur pour la remettre entièrement à Dieu, abandonné dans un désarroi absolu, frappé d'un désespoir gigantesque. Je place ma confiance en lui, en déplorant ma condition humaine. Ma douleur est un cri d'incompréhension, un gémissement inutile de cette planète impitoyable. Je suis anéanti. Effondré. Détruit.

En moins d'une année, j'ai tout perdu : mon logement, mes amis, ma soif d'entreprendre, ma santé, mes qualités, mon chien, la confiance de ma famille, mon cœur brisé. Tout. Sauf ma boîte de nuit funeste au bord de la faillite et ma foi en Dieu. Sans perspective d'avenir, je refuse d'imaginer que le pire ne fait que commencer.

C'est l'été. Un vent de panique souffle quotidiennement dans ma tête. Je rêve de tout plaquer, de m'évader dans un lieu reposant, sans billet retour.

En négatif, chaque effort devient une tare. Le timbre de ma voix se délite. Mon diaphragme se ferme. Mon équilibre vacille. Ma santé se détériore. Des cheveux blancs apparaissent à l'aube de ma vie d'adulte. J'ai des difficultés à me concentrer, un manque d'envie pour tout, un mal fou à décrocher mon téléphone, craignant de me faire invectiver par un créancier excédé en attente de son paiement ou de recevoir une énième menace. J'ouvre épisodiquement mon courrier, sauf mes relevés bancaires à foudroyer net tous les Picsou de la terre. Auparavant, moi qui voulais de l'argent pour être heureux – croyant à tort qu'il en fallait beaucoup pour l'être –, je m'accoutume à l'essentiel. Seul Dieu est le témoin de ces moments de survie qui façonnent ma vie selon les vertus chrétiennes. Heureusement, je mange toujours à ma faim sans quémander l'aide de qui que ce soit.

En positif, j'apprends la pauvreté biblique qui, selon saint Paul, remplirait de la puissance de Dieu : « Quand je suis faible, c'est alors que je suis fort. » Je sens qu'une part de moi-même meurt dans mon tombeau bruyant. Une autre part, plus belle, est en train de naître dans l'adversité. Même si je peine à garder le goût de vivre, le suicide ne m'attire pas. Il s'oppose à l'espérance chrétienne fondée sur l'attente d'un miracle qui rythme mes journées. Je sens concrètement qu'il existe une réalité spirituelle derrière mes épreuves. La prière me semble la clef des énigmes, ma foi l'écosystème qui les régit. Cette intuition installe une présence rassurante à mes côtés, laquelle me fait prendre conscience d'un nouveau paradoxe. J'ai le luxe d'être un sans domicile fixe condamné au silence de la solitude, avec sur la tête le toit d'une discothèque à percer les tympans. En principe, quand la rue se profile, un engrenage s'emballe : pas de logement, pas de travail. Pas de travail, pas de logement. Terrible cercle vicieux. Moi non. Je vis dans une prison dont les barreaux sont en or, façon paillettes et strass dorés. Je suis patron d'une boîte de nuit qui préfère suivre la voie de Jésus plutôt que de suivre l'esprit du monde. C'est un peu fort de café mais c'est bien ce qui m'arrive ! Je sens qu'un mystérieux sixième sens s'éveille du plus profond de mon être. Celui qui est en chacun mais que trop peu d'amoureux du silence écoutent, loin des bruits du monde qui déposent la morsure de leur rage dans une belle âme. Cela me fortifie intérieurement.

À l'exception des heures durant lesquelles je me fonds dans la société civile pour satisfaire mes besoins primaires ou pour prier dans une chapelle, je m'enferme, mélancolique, dans l'obscurité de La Couronne. J'y allume des bougies et des bâtons d'encens en récitant des prières. La méditation panse mes blessures. Solitaire dans l'âme, je vis désormais en compagnie des araignées, dans la précarité d'un squat insalubre me servant de bureau miteux. Il y règne une odeur de moisi et d'humidité poisseuse, le genre d'endroit à attraper des infections contagieuses. Dans ce taudis sans eau courante, impossible de se doucher. Cela m'astreint parfois à me laver sur une plage, en utilisant une douche publique mise à la disposition des estivants. Pour ne pas croiser le regard d'autrui, j'y vais la nuit. Par pudeur. Par honte, aussi.

Un soir d'été, là-bas, les morsures de l'eau glaciale ruissellent sur ma peau grelottante. Je lève les yeux vers le firmament constellé. J'ai le blues. Le cœur gonflé de chagrin, je crie :

— Dieu, si tu existes, tu n'as pas le droit de laisser un homme souffrir autant !

Je lui parle comme s'il pouvait me répondre. Une voix intérieure me répond :

— Tu dois passer par là. Tu comprendras plus tard.

Est-ce le pur fruit de mon imagination ? Je clame ma foi ardemment dans une approche subjective différente de celle qui amène à brûler un cierge dans une église, sans vrai recueillement. Là, au contraire, je sens en moi une ouverture profonde vers l'inconnu qui anesthésie le désastre de ma vie. Il s'agit soit d'un éveil spirituel, soit d'un goût aiguisé à se poser trop de questions.

Suis-je en train de devenir fou en consommant un placebo de prières pour trouver une paix intérieure ? En tout cas, j'ai l'impression d'avoir une vieille âme dotée d'une aura singulière. Comme si je naviguais entre deux mondes, l'un visible et l'autre invisible fait de patience et de confiance, dans une sorte de soumission à une force supérieure imperceptible qui aurait le pouvoir de concrétiser tous les rêves. Va donc pour Jésus-Christ, mais je suspecte aussi ma conscience zélatrice d'être dans l'erreur parfaite, tel un schizophrène conscient de son indisposition par intermittence. Que puis-je attendre d'une affluence désespérante d'une centaine de noctambules par soir d'été en moyenne, ridicule en comparaison des autres établissements de nuit voisins, alors que toutes les fondations de ma vie ont été rasées comme une bombe atomique ?

Première soirée d'automne. Deux cent cinquante clients se déhanchent. Rien ne dissipe mes tourments. J'aurais dû déposer le bilan depuis longtemps. Le destin décidera pour moi. Mon corps est sur terre, mon esprit dans les étoiles. Je m'évade vers une recherche du mystère qui me détache du conformisme. Certain que ma vie ne vaut plus rien, je me contente d'un sourire ou d'un remerciement pour me sentir utile, tel un don gratuit de Dieu. Je sympathise avec Corinne et ses trois amies belles comme des cœurs à l'horizon de leur majorité. Elles élancent une douce spontanéité, sans émotion électrisée par des excitants. Elles étalent la splendeur de leur innocence. On se lie d'amitié sans arrière-pensée, avec un détachement désintéressé fédéré par notre pauvreté. Elles sont venues avant minuit trente pour rentrer gratuitement. Elles m'offrent la fortune inestimable de leur générosité, ce petit rien qui ne s'achète pas. À partager des confidences intimes, elles me témoignent des « on reviendra ! » auxquels je n'accorde aucun crédit, tant j'ai accumulé de faux espoirs.

À l'écart des noctambules, je pleure à chaudes larmes en voyant l'indélicatesse d'Emmanuelle, accompagnée ou non. Elle laboure mon cœur en friche et sème une tristesse illimitée dans mon âme. Alors que je suis affamé de caresses sincères et de regards de tendresse, Emmanuelle me détruit à petit feu, d'où l'engrenage de mes erreurs d'appréciations. Rien ne va et envisager de vivre durablement dans un enfer bruyant me fait frémir d'horreur. Faisant le constat de tant de souffrances, j'imagine que Dieu m'en veut, que je paye l'énormité de mes péchés durant ma jeunesse ou qu'il veut que je souffre longtemps pour expier mes péchés. Je me résous à l'idée que mon destin fait partie d'un plan divin. Je la trouve plus noble pour ma petite personne. Comme si la main de Dieu m'enveloppait d'une quête de sens. De là, si je m'en sors vivant, à partir de mes expériences douloureuses, je devrai combattre l'effritement des mœurs contemporaines en jouant un rôle déterminant dans le futur. Comme tout parent potentiel, je me dis : « Si un jour j'ai des enfants, je ferai attention à cela... » Cette idée de destinée me satisfait, sans chercher plus loin. En parallèle de mes questions existentielles, en cruel manque d'amour, je couve la clientèle avec un instinct paternellement maternel. J'aime les gens. Certains l'ont-ils senti ?

Le samedi suivant, je salue, désinvolte, les premiers habitués avec un coupable sentiment d'infériorité, persuadé que le succès ne me sourira jamais car je ne suis qu'un bon à rien. Je pense qu'il est réservé aux chanceux, aux arrivistes, aux fils à papa. Vers minuit, Corinne et ses copines me saluent. Elles sont revenues avec des amis. Elles portent dans leur cœur cette forme de sincérité attachante. Mon nouveau disc-jockey, Laurent, s'alcoolise à outrance. Néanmoins, il assure une animation de qualité pour les quatre cents invités qui sortent globalement satisfaits vers 4 heures du matin.

Le samedi suivant, Kamel et moi poursuivons nos efforts pour améliorer le confort des nuitards. Lui à la sécurité, moi en salle. Nous bichonnons les presque six cents âmes présentes. Personne ne peut imaginer à quel point nous affrontons les délires de l'administration pour les accueillir dans de bonnes conditions. Je n'ai toujours pas d'accord écrit pour embaucher un maître-chien sur la voie publique. Je ne l'aurai jamais. Des barons de la loi se renvoient la balle. La loi – la leur – doit être violée pour assurer la sécurité publique et veiller au bien commun. Tout n'est que bricolage, surtout à la billetterie où, faute de salariés qualifiés et d'un matériel fiable, une longue file d'attente patiente à l'extérieur. Lassés de faire la queue dans un climat frisquet, des bringueurs font demi-tour et répandent la rumeur absurde qu'« ils n'ont pas pu rentrer à La Couronne, trop de monde ! ».

Le samedi après-midi suivant, je fais la tournée des bars pour y déposer des entrées gratuites. Des ragots de comptoir dessinent les formes d'une success-story naissante : « Il y a une nouvelle boîte de nuit sympa dans le centre-ville où il n'y a pas de bagarres. » Le bouche-à-oreille fait merveille. On me confirme les rixes récurrentes chez mes persécuteurs. Pour anticiper la venue d'émeutiers conviés à créer des bagarres sur notre piste de danse, Kamel et moi renforçons notre service d'ordre en intégrant deux physionomistes supplémentaires, une serveuse cantonnée à un deuxième bar, une deuxième caisse à l'entrée. Pari gagné ! Le soir même, dans une cohue générale, huit cents noctambules font la fête sans échauffourée. L'ambiance est bon enfant. Je n'arrive pas y croire !

Le samedi suivant, un millier de fêtards se présente à l'accueil avant 2 heures du matin. Une véritable marée humaine déferle. La Couronne est archi-blindée ! L'argent qui me manquait tant jadis vomit des caisses qui ne peuvent plus se refermer sur leur socle. Incroyable, c'est de la folie ! Sauf chez mes confrères qui, par effet de vases communicants, assistent impuissants à la désertion brutale de leur club. Kamel et moi ouvrons la deuxième salle en urgence, avec des chaises et des tables affreuses pour mobilier.

Un samedi suivant, mille cent soixante-sept clients sont comptabilisés « officiellement ». Malgré les portes closes, des diablotins ouvrent une issue de secours pour convier leurs camarades à faire la fiesta, narguant au passage le rottweiler du maître-chien cloisonné sur un terrain privé, au grand dam de la sécurité. C'est surréaliste ! Sans explication rationnelle, en l'espace d'un mois environ, un tsunami humain imprévisible inonde La Couronne, équipée d'une décoration *has-been* à épouvanter les nuitards branchés : la toiture percée, sans chauffage, peu isolée ; l'humidité prégnante ; les sanitaires souvent bouchés libérant une odeur d'égout pestilentielle, obligeant des clients à se satisfaire aux toilettes publiques situées sur le parking public juste en face ; avec une bande de bras cassés néophytes pour les encadrer, travaillant pour le compte d'un entrepreneur surendetté à la dégaine d'un clochard habillé par ses fournisseurs de cigarettes, plus jeune qu'une partie de ses clients, en totale contradiction avec l'attitude hautaine des patrons de discothèque voisins. Un miracle, un vrai ! Dieu a dû entendre mes prières car « il renverse les puissants de leurs trônes, il élève les humbles. Il rassasie de biens les affamés, et il renvoie les riches les mains vides ». Une lumière prophétique dans ma vie.

Après neuf mois d'une attente interminable, une jeunesse folle se donne rendez-vous à La Couronne, la boîte de nuit branchée où il faut se montrer. Et pour longtemps. Ce succès brutal détend les inquiétudes de mon entourage. Alors que mon banquier me mettait auparavant la pression, je dois diviser les grosses liasses de billets en plusieurs paquets afin de pouvoir les déposer dans les machines prévues à cet effet. Quelle belle revanche ! Si la situation financière de ma société se redresse spectaculairement, la mienne reste très fragile dans la mesure d'une rémunération au SMIC, vu le déficit à combler du premier exercice comptable.

Après avoir découvert la richesse d'être pauvre, le besoin d'argent est le dernier de mes soucis. Mes convictions chrétiennes ont indéniablement bousculé ma façon d'appréhender la vie. Chaque fois qu'un billet s'engouffre dans mes poches, au fond de moi, j'ai envie de l'aider à s'évader pour qu'il finance une cause charitable et aide des nécessiteux bien plus à plaindre que moi. Mon dégoût de la richesse vient certainement de l'hystérie des délinquants qui tentent de s'approprier ma manne céleste par tous les moyens, légaux ou illégaux.

Grâce aux lauriers de La Couronne, je déniche un appartement. J'y redécouvre le plaisir simple d'une douche quotidienne tendrement chaude. Après des semaines de galères passant de littéralement rien à un toit sur la tête, je me souviendrai à vie de ce moment de retrouvailles avec la chaleur délicieuse de l'eau qui caresse ma peau d'une douceur de miel. C'est un jour ordinaire pour tous. Sauf pour moi. Un souvenir gravé dans ma mémoire tellement ma joie est grande, conscient qu'à tout instant on peut me retirer le bonheur simple d'être propre.

Dans un coin de ma tête, je suis certain qu'il fallait que j'en bave pour réussir, que mes épreuves avaient été nécessaires pour me doter d'une armure spirituelle en vue de conquérir ma destinée détachée des contingences matérielles superflues. Ma traversée du désert n'était-elle pas désirée par Dieu pour que je rebondisse avec une élévation spirituelle – la vraie richesse, en fait ? Ne faut-il pas distinguer le mal pour en cerner les contours afin de mieux servir le bien ultérieurement ? Jésus est-il le Sauveur qui opère tous les dons, sur Terre et dans le Ciel ? D'où viennent les sentiments ? Sont-ils un langage d'amour entre l'âme et le divin ? Une force perceptible mise à la disposition des croyants ? Quand on a la foi, il n'y a pas de questions. Quand on ne l'a pas, il n'y a pas de réponses. Si blanche soit la neige, si pur soit un homme, si grande soit la difficulté, je suis face à l'étendue de mon ignorance devant les mystères de la vie.

6

La chasse à l'homme

Il me faut moins d'un mois pour descendre de mon petit nuage. Je suis lancé dans une course contre la montre du matin au soir. Jour et nuit. Semaine et week-end. Plus il y a de fêtards à La Couronne, plus il y a de problèmes à résoudre. Des dégradations et des réparations incessantes, des démarchages intempestifs, des experts financiers à rencontrer pour prendre les bonnes décisions de gestion, des plaintes à déposer, sans compter les tâches quotidiennes inhérentes au pilotage d'une entreprise de vingt salariés environ. Les trente-cinq heures, je les fais en trois jours. Ce rythme intense a des conséquences disgracieuses. Kilo après kilo, je me boursouffle. Pas de repos ni de sport. Mon corps accumule insidieusement le poids d'une mauvaise hygiène de vie. Pas le temps de cuisiner, de préparer des plats sains et équilibrés, de savourer la beauté de la vie. Je cours après les urgences des urgences. Comme un cycliste lancé au sprint, sans freins, incapable d'apercevoir la ligne d'arrivée.

L'ouragan de ma vie *borderline* a tout aspiré : mes amis, ma famille, mes repères… Les seules connaissances qui me restent sont celles du monde de la nuit. Le piège s'est refermé. Je m'enfonce dans le cimetière de l'homme, sans mon associé Kamel que j'ai révoqué de sa fonction de cogérant lorsque j'ai appris sa double vie. Nouveau coup dur ! Dorénavant seul aux commandes de ma citadelle festive, j'affronte des situations inimaginables sans droit à l'erreur. Comme cette femme enceinte insouciante qui enquille les verres de whisky-coca entre deux cigarettes. Un drame peut se produire à chaque instant. Même avec un môme. Un maître-chien m'a raconté avoir surpris un enfant en train de dormir dans une voiture lors d'une ronde. Papa ou maman devait faire la fête. Et il y a tout le reste !

Week-end après week-end, mon hypersensibilité s'aggrave. Je deviens un hémophile des sentiments. J'absorbe la souffrance des autres. Elle me ronge de l'intérieur. En fait, le succès de La Couronne est un véritable fardeau. Tout résonne faux : le regard doux des filles, la fausse camaraderie de l'amitié-bouteille, les rumeurs qui me fabriquent un personnage comme dans un film de cinéma. Je ne suis plus Greg, mais Greg de La Couronne. Toujours associé au boulet de ma boîte de nuit et à l'image amorale d'un patron de discothèque hors des cases sociales. Greg de La Couronne incarne le pouvoir, l'argent, la fête. Tout ce que je déteste. J'aime le silence, la prière, la nature. Personne ne l'imagine. Dépossédé de mon identité, je dépéris à petit feu. Je n'en meurs pas mais j'en souffre à mourir. Je me sens spirituellement faible, déraciné, trop loin de mes proches. Je me dis parfois qu'il aurait été souhaitable que je dépose le bilan pour mettre fin à mon chemin de croix interminable. Car j'ai le sentiment de mettre un pied en enfer. Et de rater complètement ma vie, sans avoir 50 ans ni de Rolex au poignet. Chaque soir de fête est une vue imprenable sur l'effondrement des mœurs à déconseiller aux âmes sensibles. De toute évidence, seule ma foi peut me sauver.

Je décachette une grande enveloppe avec le cachet de la municipalité. C'est un nouvel arrêté municipal, signé Pidero. Il me retire la souplesse horaire que son chef m'avait accordée quelques mois plus tôt. J'ai quelques semaines de sursis avant sa stricte application. Un inexplicable retour en arrière, du strict point de vue de la raison. À moins que Pidero et compagnie aient eu le désir obsessionnel d'accélérer le dépôt de bilan de ma société ? Il s'agit surtout d'un excès de zèle puisque, en définitive, les clubs faisant l'objet d'une rétrogradation de leurs horaires sont mathématiquement conduits à une fermeture déguisée *via* une perte de chiffre d'affaires fatale. Par cette vengeance institutionnelle, Pidero exauce le vœu sacré de son mentor. En attendant l'exécution de cette mesure arbitraire digne d'une dictature, je mène mon enquête. Et déniche quelques perles.

Premièrement, Pidero est un ami de César, propriétaire des murs et gérant minoritaire de… la discothèque voisine Le Bronx, dont Paul est l'associé majoritaire. De là, il n'y a qu'un pas à franchir pour en déduire que mon couvre-feu administratif s'apparente à une « protection » du monopole local de César et Paul.

Deuxièmement, César et Pidero s'affichent régulièrement en photo dans la presse pour évoquer l'association qu'ils dirigent ensemble, main dans la main, ce qui sent bon le trafic d'influence sous une chape de trahisons à visages découverts.

Troisièmement, en s'emportant furieusement contre moi pour un différend mineur lors d'un après-midi copieusement arrosé, César a prouvé en public que je dérangeais certains us et coutumes et les hommes de loi qui les encadrent. *Idem* pour Paul lorsqu'il me menaça avec son téléphone ou m'enfonça son index dans mes côtes avec des noms d'oiseaux, sûr de ses appuis judiciaires. Ainsi, ce duo de choc me démontre son habileté à utiliser un carnet d'adresses plus lourd qu'un kilo de plomb au lieu de m'envoyer un escadron de la mort. C'est une astuce des brillants parrains de la nuit : ils font appel à leurs complices haut placés pour éliminer en douceur un concurrent enquiquinant trop attaché aux valeurs chrétiennes pacifiques pour riposter violemment, par exemple en dégainant l'arme de la fermeture administrative suite à des troubles à l'ordre public... délibérément provoqués.

Quatrièmement, César et Paul exercent les vendredis, samedis et veilles de jours fériés jusqu'à 5 heures du matin, en cessant de servir des boissons alcoolisées une heure avant ; de même, le gérant d'un bar cubain en hyper-centre-ville bénéficie d'une curieuse autorisation d'ouverture tardive jusqu'à 4 heures du matin tous les jours hormis le lundi, à l'encontre des lois préfectorales ; à l'inverse, La Couronne est invitée à fermer dès 1 heure du matin les samedis soir et veilles de jours fériés. Ces prérogatives à trois vitesses sur la même agglomération excluent d'emblée tous les arguments officiels sur la sécurité routière ou la lutte contre le tapage nocturne. Plus grave, ces écarts de traitement les décuplent. Les risques d'accidents ou de vacarme sont accrus par les trajets des bringueurs qui, à pied ou en voiture, vadrouillent d'un troquet à un autre en fin de soirée. Et c'est une belle preuve d'égalité. Ou de favoritisme ? Tout dépend comment on interprète le code pénal. Mon préjudice s'élèvera finalement à 200 000 euros (perte de chiffre d'affaires, frais de procédures, dévalorisation de mes parts sociales) – une petite fortune dont le fisc ne verra jamais la couleur.

Un peu étonné que mes tortionnaires agissent avec un tel vandalisme institutionnel, je missionne l'avocat d'un syndicat professionnel pour préparer ma défense. Plus de peur que de mal : j'obtiendrai le renouvellement de mes autorisations d'ouverture tardive après des semaines de combats, de stress, d'insomnies et de frais inutiles.

Les platines s'éteignent. Parmi les badauds, une jeune femme veut poursuivre la fête dans la discothèque Le Bronx qui peut ouvrir une heure de plus. Elle s'embarque au volant d'un minuscule véhicule vert avec le mascara épaissi, l'alcoolisation approximative, la fougue exaltée par le timbre de sa voix fanfaronne. Des portables communiquent et balisent le chemin le plus sûr pour ne pas croiser la gendarmerie.

À l'arrivée devant Le Bronx, la collision est inévitable. Et boum ! La première conductrice s'apprêtait à ramener à bon port ses protégés. L'autre conductrice finira la soirée sans encombre en méditant les risques inconsidérés qu'elle vient de prendre. Pour elle et pour les autres.

Cette fois-ci, la casse est juste matérielle. Pas de blessé. Une catastrophe qui résulte des décisions préfectorales à l'encontre du bon sens.

Le disc-jockey lance *What You Waiting For ?* de Gwen Stefani. Les esprits s'encanaillent. Je me remémore deux missions d'intérim effectuées dans des abattoirs lorsque j'étais étudiant. Mon usine de la fête est un abattoir. On y décapite à l'échelle industrielle la noblesse de l'homme et l'élégance de la femme, suspendues à des crocs de boucher.

J'en ressens les souffrances d'une femme violée : du dégoût, de la honte, de la honte d'avoir la honte. Les stigmates d'un homme qui n'en est plus vraiment un. Je souffre comme si des ongles tranchants mutilaient mon âme sous ma chair. À être le souffre-douleur des défoncés, je fais une overdose d'incivilités, de haines, d'ivresses. Ma course débridée de l'oubli se déroule dans le costume d'un spectateur dépité de l'univers festif dans lequel je refuse de mourir. J'en arrive à comparer La Couronne à Verdun. Mon usine de la fête est un champ de bataille spirituelle où j'ai l'impression de combattre les légions infernales.

Naguère, faute d'avoir lu les Évangiles durant ma jeunesse, le diable me semblait être un personnage imaginaire inventé pour disculper les chrétiens de leurs péchés. Par la force des choses, mon avis évolue en observant les conséquences d'abus de psychotropes, dans un cadre festif où tout paraît idyllique. Il modifie la perception des autres, brouille les sentiments, provoque des infidélités parmi des couples réputés incassables.

Peu à peu, mon manège enchanté m'apparaît contrôlé par l'œuvre du Malin. Des faits troublants s'accumulent. À chaque fois que j'appuie sur l'accélérateur de la foi, un long défilé de personnes malveillantes freine mon cheminement religieux. D'abord, il y a eu cette ex-mannequin, entrée par effraction dans ma vie, avec qui j'ai partagé quatre semaines difficiles de vie commune. Comment expliquer qu'elle soit physiquement incapable d'entrer dans une église pour prier avec moi, comme si une entité invisible l'en empêchait ? Puis Emmanuelle, tatouée d'un grand dragon vert dans le dos, incarnant le Mal et la tentation. Tout un symbole ! Enfin, le terrible cortège de tous ces gens pas vraiment catholiques que j'aimante à foison : des voyantes, des femmes volages, des allergiques au sacré. Est-ce dû à la logique de ma profession cynique ou à mes convictions religieuses qui agacent le diable ? C'est bizarrement durant la période au cours de laquelle je m'abandonnais à Dieu que je me suis égaré avec Emmanuelle. Comment ai-je pu trahir la morale chrétienne que je vénérais ? Suis-je dans une guerre spirituelle dont je ne mesure pas les dangers ? Des questions sans réponse. Juste un soupçon : et si le diable existait vraiment ?

Pour égayer mes nuits, j'accepte de trinquer avec de bons clients. À partir du mélange de liquides visqueux renversés sur leur table, je m'amuse à compter les ronds collants faits par les verres et je trempe mes doigts dedans pour mesurer la crasse ambiante. Comble de l'ennui. J'ai l'impression de vieillir d'une année par soir. Dire que mes problèmes d'argent sont résolus et je suis si malheureux ! Le bonheur n'est donc pas une destination, seulement une trajectoire dépourvue d'argent en quantité. Je me forme spirituellement dans ce repli sur moi-même.

Parmi la foule oppressante, des couche-tard se perdent dans les illusions du veau d'or et du star-system, moi dans les miennes plus mystiques. On se croise. On s'effleure. On se salue. Je rencontre des centaines de personnes par soir. Mais je n'ai personne avec qui aller au cinéma. Nous sommes ensemble, mais si éloignés à la fois. Je rêve de m'épanouir par des discussions brillantes avec des individus peu préoccupés de descendre au goulot une bouteille de whisky. Hélas, je me cantonne à la théorie des névrosés qui m'exposent leur vision des cuites de jeunesse, les deux mains sur le crâne : « l'alcool, c'est pas bien » ou « le vomi, ça sent pas bon ». Même Jean-Claude Van Damme dans ses moments *aware* me paraît plus philosophe que les Freud du samedi soir.

Ce terrible manque d'épanouissement entraîne une soif de savoirs. Où est la vérité absolue ? Que se cache-t-il derrière les mystères de l'Univers ? Parmi toutes les religions, laquelle dit vrai ? Comment expliquer ma conversion ? Suis-je fou ? Pour obtenir des réponses, je feuillette des livres spirituels à mes heures perdues. Je tombe sur ce passage de l'Évangile selon saint Matthieu : « Demandez, on vous donnera. Cherchez, vous trouverez ; frappez, on vous ouvrira. Car quiconque demande, reçoit. Celui qui cherche, trouve. Et l'on ouvre à celui qui frappe. » Alors, je cherche Dieu. Et un sens à ma vie.

Je sculpte mon âme à la lueur des ténèbres, selon mon tempérament d'aventurier inclassable très critiqué. Ma foi solitaire présente l'avantage de ne pas être engagée de force dans une illusion collective, contrairement à ceux qui sont forcés à la pratique religieuse, quel que soit leur dogme. En épluchant ma foi sous tous les angles, je découvre l'effet Janis – du nom du psychologue américain qui a détaillé la « pensée moutonnière » et l'embrigadement qui en résulte, par lequel des leaders charismatiques aveuglent des foules et interdisent tout discernement personnel, comme Hitler l'a fait. Loin de ces dérives sectaires, j'affermis ma foi en me tournant directement vers le Seigneur, sans assistance spirituelle, *via* la Vierge Marie médiatrice de toutes les grâces. Ma démarche de pauvre type est maladroite. Mais pure. Noble. Authentique. La semaine, une silencieuse adoration du Christ et de la Sainte Vierge dans une chapelle retirée, lorsque j'en ai le temps. Le week-end, un vacarme effarant dans une ambiance luciférienne sous une pluie de billets de banque et des provocations féminines.

On dit qu'un chrétien seul est un chrétien en danger, mais mon emploi du temps extravagant m'empêche de côtoyer les prêtres, les sacrements, d'autres croyants ; et je nourris une timide méfiance à l'égard de l'Église catholique. Jadis, je la considérais comme dépassée, exagérément institutionnelle, engluée dans ses scandales. Je la percevais comme les préjugés colportés par des médias dominants. Mais progressivement, je me méfie de ces derniers. De plus en plus, je me libère de la « pensée moutonnière » qu'ils formatent à cause de leurs mensonges, tels que les armes de destruction massive en Irak ou le nuage de Tchernobyl qui ne devait jamais dépasser la frontière. Pourquoi l'Église est-elle souvent cantonnée au rôle du méchant ? Comme pour la justice, la balance de la vérité penche trop du mauvais côté pour que cela soit crédible. Certains de ces médias ne relatent jamais rien sur ce que l'Église réalise en faveur du bien commun à travers le monde. Rien sur ses écoles catholiques qui éduquent des millions d'élèves. Rien sur ses hôpitaux qui soignent des millions de malades. Rien sur ses maisons de retraite qui veillent sur des millions de personnes âgées grabataires. Rien sur l'engagement héroïque de millions de chrétiens qui s'investissent bénévolement auprès des pauvres, des malades, des enfants, des handicapés, des orphelins, des familles en deuil… Contrairement à l'apostasie générale, j'en déduis que l'Église doit être au cœur du monde. Pas en périphérie.

Chaque nuit forge mes convictions religieuses et politiques. Il y a un écart abyssal entre le message d'amour de l'Église et les déviances de l'amour dans la sphère festive. L'amour du plaisir remplace le plaisir de l'amour. La tristesse est visible sur le visage des apôtres du Tout-Jouissif. Que penser d'un rapport sexuel fait à la va-vite dans les toilettes ou improvisé près d'une issue de secours ? Que se passe-t-il dans la tête d'une adolescente partant faire l'amour avec un inconnu sur le capot d'une voiture, histoire de rendre jaloux son futur ex-petit ami ? Elle aussi avortera après ces multiples frasques. L'avortement est-il un jeu ? J'en conviens, une relation amoureuse authentique ne peut exister durablement que si l'on sent tendresse et responsabilité dans le cœur de l'autre. Alors, que se cache-t-il derrière une pulsion malveillante ? Le diable ? Le hasard ? Le déni d'un forfait ? D'une façon curieuse et variée – et paradoxale dans la peau d'un patron de discothèque –, voilà comment la doctrine de l'Église m'apparaît intellectuellement lumineuse. Moi qui pensais que le sacré ne s'affirmait que dans un lieu de culte, il s'imprègne concrètement en moi sous les boules à facettes. La pression sociale exercée sur moi, si jeune, responsable d'une foule de dévorations d'absolu, dans un contexte pétri de contradictions, tout cela me questionne. Parfois, dans le désordre de mes réflexions, j'en veux à mes parents de m'avoir éduqué avec des principes chrétiens en décalage avec l'atmosphère dépravée dans laquelle je baigne. Toujours en marge, je ressens le sentiment inexplicable d'être si différent. Ces fausses impressions passagères se diluent en fonction des tablettes de chocolat que j'avale. Et des probables attaques du Malin.

Ma réussite flagrante se mesure à l'attention des filles, des allusions coquines, des visites érotiques à mon appartement. Ces baromètres sont en principe réservés aux stars du show-business. On veut me récupérer. Me faire l'amour.

Me posséder comme un objet marchand à des fins narcissiques. Il me semble aussi facile de coucher avec une fille que de repasser mes vêtements.

Le bal des prétendantes démarre un soir d'hiver. La pianiste Norah Jones me berce par son tube *Come Away With Me*. La sonnette retentit. C'est Emmanuelle. Elle entre dans mon espace vital puis se jette dans mon lit. Elle veut un gros câlin. Elle s'est décidée à prendre sa vie en main. Trop tard ! Après des minutes d'attente interminable qui laminent sa fierté, elle s'en ira me maudire ailleurs, tête basse. Au fil des semaines, au tour de Sophie. Refus. Pauline. Refus. Élise. Refus... Avant le succès de La Couronne, elles me regardaient comme un lépreux. Après, comme un célibataire attendrissant au pouvoir social hypnotisant.

Si les gourmandises féminines m'apparaissent comme un véritable danger pour mon âme, hélas, mon cœur, si chargé de l'envie d'aimer, dérape à quelques reprises. Je cherche l'amour partout et ne le trouve nulle part. Je discerne très vite le penchant vénal de mes prétendantes. Cela me remet sur le droit chemin. Et ce qui devait arriver arriva.

Un soir, Emmanuelle revient à la charge. Mon assise financière n'est plus à démontrer. À la recherche désespérée d'un abri de tendresse, je repousse les premières tentatives d'Emmanuelle jusqu'à l'instant fatidique au cours duquel, d'une façon totalement irrationnelle vu tout le mal qu'elle m'a fait, je ne peux plus résister à ses yeux vert amande.

7

Le cimetière de l'homme

Mon barman est affirmatif : la pleine lune aurait un impact sur le comportement des hommes. Que l'astre rayonne ou non ce soir, je crains l'effervescence dans les prochaines heures. Un, les payes ont été versées. Deux, les étrennes sont dans les esprits. Trois, l'écriteau « complet » sur la porte de La Couronne nargue les traînards ces dernières semaines.

Une heure du matin. J'explose le record du chiffre d'affaires à cette heure-là. Comme d'habitude, le vibreur de mon téléphone secoue fréquemment la poche droite de mon pantalon transpirant. Des messages à la queue leu leu, des SMS, des doubles appels. Trop tard pour réserver une table. Pas le temps d'y répondre. Je suis débordé et multi-dérangé. Je gère quatre discussions en même temps : un vigile me réclame à l'entrée *via* l'oreillette, deux habitués m'apostrophent pour bavarder, un barman m'implore de vider sa caisse qui régurgite des billets. Sous une pluie de décibels, je défie les lois humaines. Mes limites aussi.

Sous la pression d'un stress monumental, je jongle entre les obligations commerciales et les appels de détresse lancés au talkie-walkie. L'agitation collective est démesurée. Des soiffards ont tellement picolé qu'ils vomissent, ici ou là. D'autres se fracassent au sol. Les moins alcoolisés s'endorment à leur banquette en bavant. De la drogue, il en circule à la présence de ce *dealer* renommé. Comme le renard dans la nuit, l'œil d'un patron de discothèque consciencieux voit tout : l'épouse dans les bras de son amant, l'étudiante qui se prostitue pour arrondir ses fins de mois, le lycéen sous l'effet du poppers... Chacun ses vertiges : au nom du verre, du vice et du saint whisky, amen la bouteille ! Le diable pour tous. Dieu pour moi seul.

Deux heures du matin. Les portes de La Couronne sont closes. Entre les lumières du laser et les odeurs de transpiration, je me pose un tas de questions. Que se cache-t-il dans l'âme des individus sous addictions à la recherche d'un plaisir artificiel immédiat ? À quoi sert de boire jusqu'à vomir ses tripes ? Quel est le sens d'avoir une copine, d'aligner les rails de cocaïne avec elle, de militer pour un meilleur partage des richesses quand chaque euro collecté est consacré à la défonce ? Comment ne pas présager l'emprise du diable sur ces névrosés jouant à mettre leur vie en danger, tels que ces deux ivrognes qui se sont allongés en ricanant sur le boulevard en attendant qu'un cinglé de vitesse les percute ?

Deux heures trente. Je suffoque. Dans la chaleur confinée, j'ai du mal à respirer. Besoin d'oxygène sans nicotine. Je presse le pas pour m'enfuir. J'éteins mon talkie-walkie en accédant au sas près de mon bureau. Ma main droite se positionne sur mon cœur qui bat à cent à l'heure. Je m'allonge au sol. Épuisé. Malaise vagal. Sans que j'avale de saloperies ni une goutte d'alcool. Dévasté par la brutalité de la fête. Impossible d'aller à l'hôpital. Ce n'est pas moi qui suis malade. C'est notre monde shooté à l'esprit du Mal.

Ce soir, je capitule. En manque d'énergie, je donne mes directives à des adjoints. Emmanuelle me ramène à notre nouvelle maison à la campagne. Sur le chemin du retour, la pleine lune me nargue.

Valérie est une luciole. Très jolie et facilement repérable parmi un millier de papillons de nuit. La rage de ses fantasmes est le principal problème ce soir. Autodidacte formé à l'école de la vie, j'apprends les rouages des vices de la nuit. Et les fréquents écarts de jambes de Valérie enveniment des tensions déjà vives entre deux prétendants. Ma décision est prise : je délaisse mes habitudes pour me concentrer sur elle.

Je reviens des toilettes, dans l'air embaumé de la fureur, du bruit et de l'excitation générale. Valérie est introuvable. J'interpelle sa meilleure amie :

— T'aurais pas vu Valérie ?

— Si. Elle est partie se faire péter le cul dans sa Clio par un mec.

Je reçois comme deux gifles la violence de cette réplique et le ton banal employé. Pas de prénom. Juste un mec. Un inconnu en transit entre deux voyages en l'air. Je souris, hébété, faisant mine de cautionner « la pensée moutonnière ». Je pars vérifier l'information.

Sur le parking, j'entame une discussion anodine avec le maître-chien. Rien de sensationnel à se mettre sous la dent. Quelques minutes plus tard, telle une princesse sortie de son carrosse blanc – la couleur de la pureté –, Valérie se faufile devant nous, grande, fine, coquette, le débardeur moulant plissé, marchant vers le royaume des rêves main dans la main avec son Roméo du soir. Encore un nouveau ! C'est peut-être ringard, mais je ne peux pas m'empêcher de voir cela en mal. La sexualité libérée est une bombe à retardement.

Dès que l'occasion se présente, Valérie est sondée en catimini. Les larmes se déversent. Elle a peur. Elle a tellement accumulé de rapports sexuels sans préservatif qu'elle craint d'avoir le sida. Impossible de les compter. Des tonnes de viande masculine. Elle redoute les résultats du test, donc s'abstient de s'y soumettre. Elle préfère vivre avec la peur que de vivre avec la mort en sursis. Et sa mère travaille à l'hôpital, juste à côté. Que va-t-elle dire si elle apprend la nouvelle ? Impossible.

Mon avis moralisateur, je le garde pour moi. Je ne vaux pas mieux. Membre d'une génération pointée du doigt par ses mœurs déviantes, j'ai moi-même été trompé par les sirènes de la mode libertaire avant de le regretter amèrement. Je garde secrète ma pensée : le désir, on prend ; l'amour, on donne. La course sans fin aux plaisirs sexuels est un piège qui nourrit l'amour-propre, de sorte qu'il faut constamment les renouveler pour gratifier son ego. Cette quête de jouissance fatigue, lasse, puis mène à l'insatisfaction permanente, à la souffrance, à la solitude. Tout le contraire de l'amour véritable.

Les halogènes s'allument. Ils signalent le clap de fin. Ça se bouscule un peu. Ça s'insulte beaucoup. Des esprits s'échauffent passionnément. Avec un risque de débordement à la folie.

J'entends des cris dehors. Je cours immédiatement dans leur direction. Toujours des hurlements. Un portier m'agrippe :

— Non ! Greg, n'y va pas !

— C'est quoi ce bordel ?

— Y a un mec qui fait du rodéo sur le parking ! Reste là ! Il peut te tuer !

Je m'arrête. C'est un sage de la nuit, un monstre d'expérience. Je reprends mon souffle. Mon cœur s'emballe en apercevant sur la chaussée des badauds apeurés s'enfuir dans tous les sens comme lors d'un attentat en criant à mort. Ils tentent d'échapper à un conducteur fou qui slalome autour de ces victimes au volant de son arme. Incroyable d'inconscience. Incroyable de mépris pour la vie. Incroyable tout court.

Les secondes durent des heures. Une éternité pour mes nerfs en apprentissage. Vie ou mort ? Fermeture administrative ou poursuite d'activité en cas de dénouement heureux ? Toujours les deux mêmes possibilités.

Plus qu'une personne à sauver. Elle est tétanisée, les mains sur la tête, repliée sur elle-même. Elle est prisonnière d'un immense espace bitumé sur lequel l'écervelé multiplie les accélérations et freinages autour de sa proie. Les pneus crissent fortement à chaque changement brutal de direction. Des traces de gomme se dessinent sur l'asphalte. Des témoins s'affolent. Sauf un. Superman.

Tel un chevalier potelé des temps modernes, Superman brandit furieusement dans sa main droite son verre de whisky-coca comme l'épée de l'archange saint Michel capable de neutraliser le chasseur fou devant l'Éternel. Puis il s'élance de l'entrée où son ivresse s'est brillamment illustrée, en courant maladroitement jusqu'au parking. Chaque gramme d'alcool pèse lourd dans sa course sans trébucher. Ce n'est donc plus une mais deux personnes en danger de mort.

Vêtu d'un T-shirt blanc froissé en guise d'armure indestructible, Superman se jette dans la mêlée d'ivresse face à une tonne d'acier. Et l'incroyable se produit. Devant tant de stupidités, le moins idiot finit par abdiquer. Il s'envole après un ultime dérapage, sans faire de victime. Un délinquant routier en casquette impossible à reconnaître. Encore un. Et encore un drame évité de justesse.

La nuit s'endort. Jacqueline arrive au volant de sa vieille voiture marron. Ombre rapide, cheveux bouclés dans la pénombre, tête pressée qui disparaît vers le débarras où sont entreposés sa tenue de soirée et ses accessoires clinquants. Lorsqu'ils la croisent en train de s'activer, les derniers traînards la saluent sans révérence alors qu'elle le mériterait amplement. Car le succès de La Couronne, c'est grâce à elle. À sa licence IV. À sa confiance qu'elle a placée en moi par un paiement échelonné en plus de l'aide financière d'un brasseur. Sans elle, point de salut.

Elle démarre toujours son travail éreintant par un rapide tour d'horizon des lieux afin de jauger l'immensité de la tâche qu'elle doit accomplir avant midi, heure à laquelle tout doit être propre avant son départ. Sa mission est colossale : des vomis, des bris de verre, des centaines de mètres carrés à nettoyer à la serpillière ou au chiffon avant le défilé des clients exigeants du thé dansant, très stricts sur l'hygiène.

Pendant que les noctambules dorment, Jacqueline s'essouffle dans l'arène bardée de gants en latex. Le balai en guise d'étendard, la sueur dégouline, témoin du devoir ardu. On est loin des dorures, des magnums de champagne, de la séduction. Elle dorlote les coulisses de la nuit.

Ses gestes abîmés par des années de comptoir se répètent. Chaque semaine. Chaque mois. Pour un petit salaire. Toujours fidèle au poste. Sans une plainte. Jamais un retard. Aucun lapin.

Comme son dur labeur use son corps fatigué presque à la retraite, meurtri par l'ingratitude du travail nocturne et la pénibilité de cette corvée, j'ai honte. Face à elle, je me sens microscopique. Elle incarne l'humilité absolue. Je lui dois tout. C'est une Superwoman.

Lui est un vigile hors norme : un sage. Le costard impeccable, l'oreillette reliée à la communauté, c'est l'âme de la tribu. Le phare qui éclaire la nuit. Son expression redoutée : « Ça ne va pas être possible ce soir… »

Le sage observe la fuite du temps vers l'avenir en savourant son café. Chaque nuit nécessite une concentration maximale de tous les instants. Les collègues assassinés sous les balles le certifient. Ils habitent dans sa mémoire. C'est un homme en sursis. Il le sait. L'espérance de vie du métier est riquiqui, car des millions d'armes circulent illégalement en France. Lorsqu'elles sortent du coffre des berlines allemandes conduites par des délinquants multirécidivistes, des business clandestins déchirent le voile d'ombre dont le crime organisé se drape. Des impacts de balle sur une façade, un bidon d'essence retrouvé devant une porte d'entrée, une balle de tennis imprégnée d'essence récupérée dans une gouttière ici ou là : les intimidations de la pègre ne manquent pas.

Le sage a les automatismes d'un garde du corps. Il décèle les risques en un quart de seconde : des pupilles dilatées, une démarche inhabituelle dissimulant un couteau sous un pull rouge, des shootés maquillés par leur déchéance parfumée à l'odeur du cannabis. Les yeux voient ; la raison sait.

Le sage est un prophète mal-aimé. On le considère comme un dictateur d'exclusion sociale. On le soupçonne de violence, de discrimination, de racisme. Qu'importe s'il est lui-même issu de l'immigration et victime d'insultes racistes à répétition ! Les injures ne sont médiatisées que dans un sens. On le déteste même s'il sauve des vies en filtrant les entrées, justement pour esquiver l'escalade de la violence. La haine de la population à son égard n'en ressort que plus injuste. Qui a vu un sage risquer sa vie pour interdire l'accès de La Couronne à un homme muni d'une arme à feu ? Personne. Aucun merci, évidemment. La gendarmerie n'a pas daigné se déplacer pour si peu, sauf à l'heure de la fermeture.

Le sage serait dangereux, pénible, agressif. C'est sa mission qui l'est. Il faut une force de caractère herculéenne pour tolérer l'intolérable : des rixes, des menaces de mort, des recalés de retour avec un fusil pour en découdre. Il y a de quoi de se faire tuer, devenir fou ou finir dans un asile. Certains choisissent de sortir de la communauté par le suicide. Comme Luc. Comme Louis aussi, un physionomiste passé prendre un café l'autre jour. Il a préféré fermer les volets de sa chambre avant de retourner une arme à feu contre sa tête et tirer. Louis, je l'aimais bien. Mais ce n'était pas un sage.

John est tricard partout. La petite délinquance, c'est son truc. Mois après mois, elle l'a exclu de tout. De sa famille. De ses amis. De ses compagnes successives. Il a épuisé toutes les secondes chances, tous les jobs d'intérim sans lendemain, tous les avertissements. L'ivresse, c'est son ordonnance, sa façon d'oublier ses soucis. La Couronne, c'est son refuge. La violence, sa carapace.

Ce soir, plus que les autres, John me fait pitié. Contre l'avis de mes physionomistes, je lui donne une ultime chance de se raccrocher au bon wagon social. Je l'autorise à faire la fête comme tout le monde. Avec tout le monde. Au milieu de tout le monde. Je profite de mon petit pouvoir pour imposer sa présence et l'aider. Du moins, je l'espère.

Juste le temps de le dire, trois costauds l'agrippent sous le stroboscope pour une vieille embrouille. Ils le relâchent à l'intervention expresse du service d'ordre qui expulse tous les fautifs. Dont John. Pas le temps de tergiverser. La nuit bat son plein. Le danger vient de partout.

Peu de temps après, un vigile me somme de rappliquer dehors par un message transmis à l'oreillette. Je m'exécute. John vient d'être passé à tabac sur la voie publique par les trois gros-bras. Entouré de plusieurs portiers, je découvre l'étendue des dégâts de ma sentimentalité. John se traîne au bout d'une impasse sans lumière. Il pleure à chaudes larmes. Comme un bébé à qui on vole son doudou. C'est poignant ! Au-delà des coups, il souffre d'une douleur profonde. Immense. Indescriptible. À voir ses sanglots d'enfant et ses yeux imbibés de larmes, à entendre les excuses qu'il m'adresse en forme de demande de pardon, il a dû avoir très peur.

Mon regard fuit son T-shirt blanc couvert de taches de sang d'un rouge vif. La couleur de l'interdit. De la colère. Du danger. C'est la fin d'un mélodrame malencontreux qui souligne sa façon désastreuse de montrer qu'il a besoin d'amour, une sorte de SOS de détresse pour qu'on s'intéresse à lui.

Me sentant responsable de ce drame, je m'active pour convaincre une connaissance de le ramener chez lui. Ça me coûtera une poignée d'euros. Quelque part, ça me fera plaisir de payer. Mon fric sera enfin utile. Et je regarde John s'envoler en pleurant sa vie austère.

Bien plus tard, quelqu'un m'apprendra que John s'est suicidé. Plus personne ne voulait de lui. Il a préféré partir sans me dire au revoir. Je ne sais pas si c'est vrai, mais je ne l'ai plus jamais revu.

Il a la tête quelconque. Un style bon chic bon genre. La bienveillance gravée sur son visage d'ange. Je lui aurais donné le bon Dieu sans confession.

Quand sa tête fracasse la porte devant moi, son regard inquiet croise le mien surpris, sous les vociférations de Vladimir, un sage de la nuit :

— Casse-toi, connard !

— Mais pourquoi tu l'expulses si violemment ?

— C'est un connard ! Je viens de le choper en train de jeter une pilule dans le verre d'une nana !

— Quoi ?

— C'est un pervers ! Il faut le mettre définitivement tricard !

— OK. Mais calme-toi !

— C'est un connard !

— Peut-être, mais de là à te servir de sa tête pour ouvrir la porte, tu y as été fort !

— Je m'en fous, c'est un connard !

— Bon, au moins, ça lui servira de leçon.

La naïveté féminine me sidère. Il y a d'abord eu cette connaissance sensibilisée au problème de la drogue du violeur, puisqu'elle en a été victime dans une soirée privée en salle des fêtes. Résultat : sans vigile attentionné, une pilule a été facilement glissée dans son verre. Elle s'est réveillée dans les vapeurs de l'alcool. Sans pantalon ni culotte. Violée. Puis cette adolescente gaga pelotée par six loubards à tour de rôle sur une banquette. Impossible de juger si elle était consentante. Enfin, mardi dernier, des gendarmes ont déboulé suite à un supposé viol collectif.

Une fausse alerte d'une personne mythomane. Autant de signes qui supposent que la belle aventure de La Couronne s'arrêtera net un jour. C'est une construction éphémère bâtie sur les sables mouvants de différends politiques, de jalousies excessives, de tragédies confidentielles esquivées de peu. Pour le moment.

Car l'univers de la fête est un repaire de pervers.

Sortant du milieu cycliste traumatisé par les scandales du dopage, j'en connais un petit rayon sur les symptômes de la dope. Entre la défonce alimentaire du vainqueur d'un critérium cycliste surnommé « La Chaudière » et ce toxico maigrichon, versatile, irascible, il y a le même regard comateux.

À force d'avoir pris des nuitards pour des punching-balls sur la piste de danse, un vigile le somme de se calmer. Sans succès. Puis tente de l'expulser. Sans succès. Logique : lorsque la came circule dans les veines après l'urgence d'un shoot, un toxico agressif de soixante kilos se joue facilement de la carrure d'un physionomiste d'environ cent kilos spécialiste en art martial. Même face à deux grands gaillards fidèles à leur rôle, il déploie une force surhumaine. Trois gros-bras ne sont pas de trop pour le sortir de force. Trois costauds contre un petit maigrelet ! C'est ce qui me met la puce à l'oreille.

Une fois l'énergumène banni de la liesse populaire, ce dernier professe une litanie d'insultes sur le trottoir, puis s'écroule sous les yeux du maître-chien qui accourt. Il m'interpelle illico à l'oreillette en sentant que la vie est disposée à quitter ce jeune homme.

Je déboule en courant. Effaré, je constate les impressionnantes fumées denses particulièrement inquiétantes qui s'échappent du corps inerte et pâlichon du toxico évanoui. Ses vêtements sont trop mouillés pour que cela soit normal. Personne n'ose le toucher. Sa respiration semble faible. Tous les témoins se posent la même question : qu'est-ce qu'il a pris ?

Hors de question de le toucher. Il pourrait avoir une seringue contaminée sur lui. Les secours sont appelés. Minutes interminables d'attente. Lorsqu'ils rappliquent pour l'emmener à l'hôpital, j'espère qu'il fera partie de l'infime peloton des toxicos futurs vainqueurs de la came. À l'inverse des cyclistes subitement morts en plein effort avec l'ADN de la dope dans le sang.

8

L'empire de la mort

DIMANCHE matin. Je dissèque les déchets de La Couronne. Ça colle. Ça pue. C'est visqueux. J'en éprouve une forme d'horreur qui me fait saluer la bravoure des éboueurs. Je les inspecte car je cherche des preuves aux vols répétés à La Couronne. D'après une source bien renseignée, des billets seraient jetés sciemment dans des sacs-poubelles d'un club proche, une filouterie de barmans voleurs sans risque d'être pris en flagrant délit en cas de fouille avant de récupérer incognito leur butin le lendemain d'un coup de cutter.

Formé à l'école de la débauche dans onze clubs, Laurent, mon disc-jockey, est l'auteur insoupçonnable de vols estimés entre 300 euros et 1 500 euros par soir… sans jamais toucher aux caisses. Entre deux mix, il offre un verre à des noctambules. Ils fraternisent. Sa bouteille personnelle de whisky sert d'appât et d'outil de fidélisation de sa clientèle parmi la mienne. Laurent se soûle pour être performant – comme trop d'artistes. Sa mythomanie fait le reste. Sobre ou ivre, il s'invente un statut de directeur commercial ou usurpe mon identité, tout dépend de l'épaisseur du portefeuille des nigauds à duper. Tout est soigneusement calculé. Laurent a imprimé de fausses cartes de visite qu'il remet aux couche-tard, sans adresse complète ni numéro de téléphone fixe. Juste son portable, son mail et un numéro de fax inutile à l'époque de Google. Nuit après nuit, il détourne les réservations des groupes. Il n'a plus qu'à pomper leur porte-monnaie.

Peu à peu, des bringueurs chevronnés s'adressent à Laurent pour se garantir d'une table disponible ou pour se ravitailler en boissons près de ses platines. Tout le monde y trouve son compte, vu l'attente aux bars et mes prix de vente plus élevés. Afin d'obtenir le remboursement hypothétique des larcins de Laurent par la voie judiciaire, un avocat me conseille de le laisser s'enrichir à mes frais, le temps d'accumuler des pièces à conviction irréfutables et d'épingler ses complices potentiels.

De quelques doses d'alcool, il passe donc à la vitesse supérieure en vendant discrètement des bouteilles d'alcools 50 euros au lieu de 70 euros. Durant les slows lancés en compilation – ce qui lui évite de rester derrière ses platines –, il passe derrière un comptoir pour effectuer son business illicite en quelques minutes. Les billets finissent dans sa poche. Laurent pense à tout. Sauf au fait que j'ai compris ! Mais je ne le sous-estime pas. Il prévoirait ses arrières : les prud'hommes. Voilà comment Laurent piège ses employeurs après les avoir pillés les uns après les autres, paradoxalement trop honnêtes pour s'affranchir d'ennuis judiciaires, alors que ceux qui ont la gâchette ou le briquet facile n'ont jamais été inquiétés. Évidemment, il niera ses délits pour justifier les 21 000 euros d'un préjudice imaginaire lorsqu'il se présentera lors d'une audience au tribunal des prud'hommes. Laurent n'affiche pas son train de vie anormal devant des juges accommodants. Uniquement dans des restaurants, des bars, les discothèques Le Power Mix d'Edwy ou Le Bronx de Paul, deux boîtes de nuit en grande difficulté financière. Laurent les fréquente en dehors de ses heures de travail pour y vendre ses services. Là-bas, il se vante en public : « C'est Greg qui paye ! »

Pour développer son activité souterraine, Laurent veut industrialiser ses vols. Il rencontre confidentiellement mon chef de bar, Bertrand. Par déontologie, ce dernier refuse d'entrer dans la combine. De leur côté, des salariés informés de ce système de siphonnage se taisent. La confiance est brisée. Chacun reste sur ses gardes, puisque Laurent aime sortir un petit calibre inoffensif durant ses soirs d'ivresse. Le témoignage de son ancienne compagne est glacial : Laurent est capable de tout.

Les caméras de La Couronne le filment en train de voler des bouteilles. D'autres preuves tombent. Ma patience ayant ses limites, un après-midi, je convoque une réunion extraordinaire en présence des fautifs. L'objectif : mettre fin aux fraudes. Vu le préjudice estimé de 15 000 euros, le panier moyen qui s'écroule de 13 euros à 9,15 euros un soir en mon absence, le risque fiscal béant dû à mes marges qui s'effondrent, Laurent se lance dans des explications farfelues enregistrées sur dictaphone, avec son accord, motivant ses vols de bouteilles de « deux litres [de whisky] pour donner à la gendarmerie » et « rincer les flics », confirmant des propos antérieurs, afin « de les alimenter pour nous éviter d'avoir des contrôles d'alcoolémie à la sortie », sans insister sur « 1 000 euros pris dans la caisse le week-end dernier », d'après un aveu public. Édifiant ! Et j'en passe. Comme ce mythomane transpire le mensonge en omettant de préciser que ses larcins financent aussi les désirs de ses maîtresses, je mets fin aux contrats de travail de Laurent et d'un complice présumé. Cependant, je conserve les autres salariés compromis en contrepartie d'attestations sidérantes établies en vue d'être produites en justice. En bon chrétien, il faut toujours pardonner…

Muni d'un épais dossier de preuves accablantes, je me présente à la gendarmerie pour déposer une plainte pour vols. La brigadière qui me reçoit est peu conciliante. Plusieurs de ses actions me mettent la puce à l'oreille : sa volonté de vider la substance politiquement incorrecte de ma déclaration, sa légèreté à ne pas inscrire toutes les infractions que je reproche à mon ex-disc-jockey, son refus d'examiner les attestations écrites de mes salariés. Une question me hante en scrutant son double visage : les fables de Laurent sont-elles si utopiques ?

L'audition est bâclée en dix minutes, sans qu'on m'alloue un dépôt de plainte. En voyant qu'elle substitue un procès-verbal compromettant à un autre beaucoup plus présentable qui frôle le mensonge, mes soupçons décuplent. Je n'entendrai plus jamais parler de cette plainte. A-t-elle été instruite ? J'en doute.

Je flâne dans un festival. J'ai laissé les clefs de la fête à mon personnel. La soirée s'annonce calme, vu la chaleur estivale. Vers minuit, mon portable vibre. À force d'être menacé, je prends l'habitude de reconnaître l'émetteur de l'appel avant de répondre. Là, le numéro de mon assistante s'affiche. Je décroche. Sa voix tremble. Mon visage se crispe. Seule certitude : Laurent a semé la pagaille à La Couronne.

Je rapplique en moins de quinze minutes, fou de rage. Je sonde les témoins et prends acte de la gravité des faits. Laurent s'est introduit par effraction dans les réserves en brisant une cloison de parpaings à la masse, puis a branché une prise avec un fil dénudé sur le matériel de sonorisation et l'a court-circuité. Étonné par l'arrêt brutal de la musique, un portier est entré dans le local où est entreposé du matériel de sonorisation. Il y a surpris Laurent armé d'un équipement capable d'incendier La Couronne, remplie d'une centaine d'individus à cet instant-là. Ce physionomiste avait demandé illico le soutien de ses collègues par talkie-walkie pour maîtriser Laurent. Ils l'avaient alors coincé et sommé de s'expliquer, ce qu'il avait fait sans émettre de regrets. Mes vigiles l'avaient sagement relâché avant mon arrivée puisque les gendarmes contactés par téléphone n'avaient pas jugé utile de venir l'interpeller, alors que leur brigade est située à 500 mètres.

Mon personnel est choqué par ce coup de force insensé, ce qui se vérifiera par le poids des mots des attestations écrites. La préméditation ne fait aucun doute en raison de la prise électrique reliée à un fil dénudé, préparés à l'avance. Le danger vient dorénavant d'un déséquilibré, ancien membre de l'équipe. Les dégâts se chiffreront à 4 500 euros. Là encore, aucune nouvelle de ma plainte. Juste une indication : il n'y a eu aucune audition des témoins ni prise en compte de leurs attestations écrites.

La plus grande injustice réside dans le fait que ni son auteur ni ceux qui furent chargés de la réparer n'en discernent la pleine mesure auprès des victimes. L'intention criminelle était irréfutable, les preuves formelles, l'auteur connu, les investigations à réaliser minimes. L'incendie du dancing Le 5-7 en 1970, en France, dans lequel cent quarante-six personnes ont perdu la vie, prouve qu'il fallait à tout prix sanctionner Laurent. La fermeté est une exigence. Punir un délinquant qui faute, c'est l'aider à discerner le bien du mal. L'amnistier sans que justice soit faite, c'est donner raison à sa violence au détriment de la sécurité publique. Laurent avait annoncé la couleur : il voulait « me poser le plus de problèmes possibles » et avait déclaré qu'il « irait jusqu'au bout ». Sans remords, il approuvait son acte de malveillance en ricanant. Il aurait pu causer une catastrophe mortelle : mes convecteurs d'air chaud étaient situés près du fioul qui les alimentait. C'est un liquide inflammable, nocif, cancérigène. Laurent ayant été interrompu dans son forfait, jusqu'où voulait-il aller ? Il s'en était pris à ma centrale de sécurité incendie un samedi précédent, devant un portier témoin de la scène. Pourquoi ? Un désastre a, semble-t-il, été esquivé : un barbecue géant à cause d'un forcené laissé en liberté. Une mise en danger d'autrui imputable à des garants de l'ordre public, vu mes signalements précédents tous ignorés.

Dégoûté par ce laxisme judiciaire effarant qui met gravement en danger mes clients, mes salariés, mon entreprise et moi-même, j'accélère le projet de cession de La Couronne et j'entame un projet d'exil vers la Belgique. Non pas pour payer moins d'impôts, mais pour sauver ma peau. Au passage, mes valeurs chrétiennes épargnent une vie : celle de Laurent. Je décline l'offre d'une relation d'affaires de requérir à des tueurs à gages étrangers pour 5 000 euros, afin de l'enterrer dans un marais isolé. À ce prix, vu les errements de la justice humaine, je saisis pourquoi des pairs lavent leur honneur par la violence. Les plus doux préconisent un bon cassage de gueule qui coûte environ 2 000 euros réalisé par des professionnels. En principe, cela suffit à raisonner un petit caïd.

Hormis le claquement bruyant de la porte d'entrée, je pénètre en silence dans les nouveaux locaux de la brigade de gendarmerie. Une jeune femme est là, de dos, face à moi, habillée dans une longue veste claire qui épouse sa chevelure brune. En retrait derrière elle, je n'aperçois pas son visage. Vu l'air lassé du visage rond du gendarme, elle doit donner de la voix depuis un bon moment. De fait, nous sommes désormais trois dans la pièce éclairée qui sert d'accueil : elle, le planton et moi.

Au timbre de sa voix, je suppose que la demoiselle est jeune, affolée, survoltée. Pas besoin d'être devin pour comprendre les raisons de sa grosse colère. Elle a peur de la violence de son ex-petit ami. Et le répète sans cesse. En criant. En suppliant. En insistant. Elle veut porter plainte.

Le gendarme, brun, cheveux courts, s'enfonce dans la quarantaine. La misère sociale et les rêves brisés du début de carrière ont eu raison de la flamme du métier. Pas un soupçon d'empathie envers la jeune femme désespérée. Juste un regard impertinent. Et une phrase laconique qui blesse autant que les coups :

— Mais madame, si on prend ce type de plainte, on ne ferait que ça !

Je me fais tout petit, posté derrière eux. J'attends mon tour pour porter plainte contre Laurent qui continue de me harceler par SMS ou visites délictueuses. Je détourne volontairement le regard de la scène révoltante à laquelle j'assiste. Moi, l'habitué des dérives à mon poste d'observation nocturne, je contemple en plein jour l'effondrement de la justice à sa source.

La demoiselle crie à nouveau puis s'enfuit d'un élan spontané, à la manière d'une hystérique n'ayant pas obtenu satisfaction. Le regard noir du militaire blasé se pose sur moi. Je m'avance, mal à l'aise, après avoir pris en flagrant délit une fin de non-recevoir.

Je présente mes doléances. Comme pour la jeune demoiselle sans piston magique pour faire instruire une plainte, je suis invité à ravaler ma peur. Je n'insiste pas, j'ai compris. Me débrouiller avec mes problèmes est une habitude. Les statistiques passent avant la sécurité des biens et des personnes, ce maudit chiffre qui gouverne la politique politicienne. Pas de main courante, pas de plainte, pas de traces. Rien pour les deux plaignants passés sous les radars de la vérité délictuelle. Les voyous ont gagné. La déontologie a perdu.

Les étoiles scintillent. C'est l'heure des premières réservations de table par téléphone. Une par une, je les note sur un cahier. Premier réservé, premier servi.

Mon portable sonne. Je reconnais le numéro et décroche. Au bout du fil, un silence et des pleurs :

— Allo ?

— Greg... ?

— Oui.

— Je peux te... voir... ?

— Je bosse. Tu sais où me trouver... Que se passe-t-il ?

— Oui, mais... Je ne veux voir que toi... Personne d'autre... Je ne veux pas passer par l'entrée... Ni faire la queue...

— Pourquoi ?

— Je t'expliquerai...

— C'est quoi ces conneries ?

— Greg, s'il te plaît... Je ne veux voir personne ! Sauf toi !

— Bon… Passe par l'impasse, côté gauche de La Couronne. Je te ferai entrer par l'issue de secours près de mon bureau. OK ?

— Merci !

— Envoie-moi un SMS quand tu arrives.

— OK. Merci !

Je quitte mon bureau dans lequel je m'enferme de plus en plus, en quête de paix intérieure. La fête, c'est pour les autres. Moi, je la fuis.

Ni une ni deux, je m'engouffre dans ma citadelle et ses odeurs de cigarettes, d'alcools, de parfums captivants des demoiselles. Je délivre les consignes. Je prends soin de montrer ma présence à tous mes collaborateurs. En me positionnant près du bar principal qui domine la grande piste de danse, j'attends le SMS. Le voilà.

Je me faufile discrètement parmi les ombres et les liasses de billets. Je rejoins l'issue de secours, lieu de rendez-vous improbable. Je la débarrasse de ses sécurités qui interdisent tout accès de l'extérieur.

Au loin, sa silhouette élégante et ses cheveux de feu déchirent la nuit. Elle marche d'un pas de velours dans l'impasse non éclairée. Personne ne se doute de quoi que ce soit. Pas même mes salariés avec lesquels je prends mes distances, lassé par les trahisons multiples dont je fais l'objet. En me voyant l'attendre, elle me gratifie d'un sourire pour me saluer. Contrairement à l'autre jour, elle n'a pas d'œil au beurre noir ni de lunettes de soleil pour se cacher. Petit soulagement !

Nous entrons dans mon bureau, à l'écart des oreilles curieuses et des yeux clandestins. Elle entame le récit laborieux de son nouveau supplice. Encore les mêmes maux – et les mêmes mots : « coup de poing », « foutu sur la gueule », « mon ex »… Cette fois-ci, elle a été frappée par son frère et son ex, tous deux de mèche. Les stupéfiants, l'alcool, des sentiments exacerbés par la fatigue, une jeunesse accoutumée à ses vertiges : toujours le même scénario.

Je lui renouvelle mon conseil de porter plainte même si, au fond de moi, je sais pertinemment qu'un procureur n'est jamais ému par les miennes, les classant sans suite à tour de rôle. Refus. Elle n'est pas prête à mettre un terme à son calvaire. Elle n'imagine pas que les coups de son ex-conjoint peuvent être mortels.

La musique s'arrête. C'est le petit matin. Par peur d'être vue, elle saisit son sac, sèche ses larmes, se redresse, puis s'envole comme Cendrillon. Moi, je fonds en larmes. Je mesure ma chance d'être né dans une famille aimante.

Ils sont quatre. Typés et austères. Ils ont sorti des liasses de gros billets pour acheter des bouteilles de whisky qu'ils ne consommeront pas entièrement. Impossible. L'allure générale de cette bande friquée est anormale. Mon responsable sécurité ne les sent pas non plus. Personne ne les connaît. Ils boivent très peu en proportion de leurs achats. Ils n'ont pas l'âme de fêtards. Manifestement pour rester concentrés. Ils scrutent l'emplacement des caméras de vidéosurveillance. Leurs yeux d'acier diagnostiquent mes agencements sécuritaires, la qualité des matériaux, les issues de secours qu'ils ouvrent pour les tester comme si de rien n'était. Sans danser ni s'amuser. Sont-ils les cambrioleurs talentueux qui ont dépouillé la majorité de mes collègues à proximité ces derniers mois ? Leurs copines ne sont pas à La Couronne pour se divertir non plus. Elles squattent devant mon bar principal, sans consommer, en m'épiant ostensiblement lorsque je vide les caisses. Tentent-elles de voir où est mon coffre-fort ?

J'ai beau paraître effacé, je suis le fils d'un ancien employé de banque méticuleux formé à l'anti-braquage. J'espère le meilleur en envisageant le pire. Une centrale de télésurveillance a installé un matériel sophistiqué anti-intrusion joint à un contrat de gardiennage en sous-traitance. Mais malgré des alertes qui m'ont réveillé les nuits précédentes et des rondes de vigiles aussitôt dépêchés, c'est encore insuffisant. Après toutes les tentatives de déstabilisation déjà subies, est-ce au tour des as du braquage, issus d'une communauté faisant régulièrement la une des faits divers, de pointer le bout de leur nez ?

Mes recettes suscitent la jalousie d'individus crapuleux : les filles sont chargées d'observer, les hommes doivent faire diversion. Les quatre loubards déclenchent une embrouille : un traquenard pour identifier le chef d'établissement, celui qui donne les consignes et qui ramène des milliers d'euros en espèces chez lui. Le commerçant idéal à détrousser par son métier décrié, en conflit permanent avec les dépositaires de la loi. Je me retire sur la pointe des pieds en abandonnant mes vigiles à leur devoir, puis je quitte La Couronne par une porte dérobée et me cache dans l'impasse sombre dominant le parking. À l'oreillette, mes soupçons se vérifient. Les vandales ne sont pas envoyés par la concurrence puisqu'ils se laissent expulser sans perturber les nuitards.

Sous la voûte céleste, leurs espionnes les rejoignent. Tous repartent dans deux BMW noires luxueuses que mes habitués ne peuvent pas s'offrir. À leur départ lent, histoire de jeter un dernier coup d'œil à mon dispositif de sécurité, ils me frôlent, sans m'apercevoir : je suis dissimulé dans l'obscurité, en tenue décontractée afin de me fondre dans la foule.

Le crime organisé semble s'installer inexorablement dans ma vie. Et mes proches vont en pâtir. Pour me protéger, j'écris des prières en latin sur un parchemin que je glisse près de mes caisses. Je me procure une médaille miraculeuse de la Sainte Vierge apparue rue du Bac à Paris, et une croix que j'arbore sur le collier autour de mon cou. Ce n'est pas de la superstition. Ce sont des actes de foi.

9

Les pressions mafieuses

C'EST une veille de jour férié commercialement délicate. Comme prévu, mon club citadin cartonne à la suite de l'envoi d'un SMS à deux mille clients répertoriés « entrée gratuite ce soir ». À l'inverse, mes concurrents éteignent leurs platines vers une heure du matin. Fiasco. Tour à tour, ils déboulent dans mon établissement en quémandant une entrée gratuite. Une humiliation cinglante.

Comme Paul ne m'a jamais présenté d'excuse après ses deux menaces, je lui refuse poliment l'entrée. En revanche, j'accepte la présence d'Edwy qui ne laisse rien paraître de ses activités réprimées par la loi. Très vite, il me parle de Kamel, mon associé fantôme. Ils ont engagé des pourparlers. Mon ancien cogérant lui a proposé de céder ses parts sociales à hauteur de 20 000 euros, sans compter la poudre de perlimpinpin en espèces. Macabre réveil du mort-vivant. La Couronne étant valorisée 500 000 euros hors taxes selon le dernier bilan comptable, il est fiscalement impensable de céder 48 % des parts estimées à 240 000 euros pour seulement 20 000 euros. Une trop belle affaire. Et il leur faut ma validation.

Les jours suivants, je lance des investigations. Je fais appel à un détective privé, à des sources policières fiables, à des informateurs bien renseignés. Je veux des faits et des preuves. Pas des rumeurs. Ainsi, j'apprends qu'Edwy dissimulerait ses difficultés financières en organisant superbement son insolvabilité : refus de divorcer pour partager les dettes avec son ex-compagne, reports de procès litigieux, changement d'avocat pour freiner la lenteur exagérée de la justice, projet d'exil aux États-Unis si ses affaires tournent au vinaigre, revenus clandestins cachés afin de minimiser ses pensions alimentaires, tentatives d'escroquerie diverses. Lui encaisserait malhonnêtement, sa compagne décaisserait honnêtement. Prendre possession de La Couronne serait l'unique opportunité d'Edwy pour se refaire. Un tour de passe-passe pourrait donc en cacher d'autres. Avoir des parents commerçants dans cette ville doit « arrondir les angles » puisque Edwy se montre favorable au rachat de 48 % de La Couronne dont les murs sont préemptés par la municipalité, alors que son gouverneur émet un avis défavorable à mes demandes d'autorisation d'ouverture tardive auprès de la sous-préfecture. Qui plus est, la convention d'occupation précaire qui me lie à Robert arrive bientôt à échéance. Le gendre de Robert, courtier de profession, serait l'assureur d'Edwy, selon ce dernier. Que de freins pour investir alors qu'Edwy appuie à fond sur l'accélérateur des négociations !

Je finis par proposer la vente de mes parts sociales à Edwy. Le caractère bien trempé de ce dirigeant d'un club de la Drôme, où le milieu grenoblois compte ses morts par fusillade, me fait peur. Une analyse partagée par mon avocat à qui revient la charge de bétonner le projet de cession et par Jean-Baptiste, un « super flic » d'une section de recherches qui m'affirmera lors d'un face-à-face mémorable : « Il sera peut-être bientôt en taule. »

C'est mercredi. Je garde la fille d'Emmanuelle, âgée de bientôt 3 ans. Après avoir réglé quelques papiers urgents, nous quittons La Couronne. J'exécute le rituel de chaque parent : bambin ceinturé à l'arrière et direction la maison. Sauf que je suis patron de discothèque !

Au retour, les kilomètres et les changements de direction défilent. Une BMW noire nous suit depuis La Couronne. Au début, de loin ; puis de très près. Je crois d'abord au hasard. Après, à un plaisantin ou un conducteur fou. Enfin, à un individu mandaté pour me faire peur. C'est le moment opportun pour me fracasser le moral : à l'arrière de ma vieille Seat, j'ai une petite puce assise sur un fauteuil de bébé.

Très vite, elle a la tête secouée dans tous les sens, à plus de 100 kilomètres-heure, sur une route un peu sinueuse, en pleine cambrousse, avec un bolide à nos trousses. Pour ne pas l'affoler, je lui dis qu'on fait un jeu pour rejoindre rapidement sa maman. Et je bifurque enfin à droite, dans la rue qui mène à notre foyer isolé à la campagne, laissant mon poursuivant s'envoler à vive allure. Je prends une photo avec mon portable mais je suis incapable de lire les chiffres de la plaque d'immatriculation.

C'est ma deuxième course-poursuite en quelques jours d'intervalle. Et vendredi dernier, mon assistante aurait été elle aussi suivie. Les mercenaires du milieu auraient monté une filature à plusieurs véhicules pour nous braquer sans se faire repérer. Que se passe-t-il ?

La raison reprend le dessus sur une passion désintégrée au fil des mois. Je romps aussitôt avec Emmanuelle. Cette rupture est brutale : elle ne la digérera pas. Je déménage mes affaires en un après-midi dans un logement, à plus de 100 kilomètres de La Couronne. Discrètement. Par sécurité, hormis mes proches, personne n'est au courant. Pas question de jeter à la rue Emmanuelle et sa fille : je leur loue mon logement en attendant qu'elles en trouvent un autre.

À force de l'avoir vainement mise en garde contre les intimidations dont j'étais fréquemment la cible, mon ex-conjointe s'y était habituée sans prendre la mesure du risque. Elle pensait que je fabulais. Est aveugle celui qui ne veut pas voir… Un confrère voisin a retrouvé sa femme attachée à une chaise, avec un flingue pointé sur sa tempe par des hommes cagoulés, en échange de ses caisses. Un autre serait dans le collimateur de la pègre nocturne, d'après les intimidations reçues dans sa boîte aux lettres. Un autre encore s'est fait tabasser chez lui. Un autre enfin a échappé de justesse à un guet-apens. Sans parler de ceux qui ont été assassinés par balle, rackettés, poignardés, cambriolés, massacrés à coups de battes de base-ball… Que de faits divers sanglants rarement connus des médias, le sujet étant tabou dans la communauté des patrons de discothèque ! En faire partie, c'est épouser le danger. Cette vie-là ne m'intéresse pas. C'est décidé. Je veux vendre mon commerce.

C'est le briefing de fin de soirée. Je bois mon café avec les derniers membres du personnel présents. Mon portable sonne. C'est la petite amie de mon nouveau disc-jockey. Il vient de se faire arrêter au volant de son véhicule par les gendarmes. Il est positif à l'alcool. Embauché à temps plein pour me seconder, il a violé la première de mes consignes : ne jamais boire au travail.

Comme je suis invité à un *after* par une personne de confiance, je pars immédiatement en faisant un détour sur les lieux du contrôle d'alcoolémie, histoire de voir s'il faut ramener mon animateur et sa compagne chez eux. Arrivé au giratoire où ce dernier s'est fait prendre, l'estafette de gendarmerie est en train de partir. Il n'y a plus personne. Je fais demi-tour en direction de mon *after*. Une voiture qui me suit fait demi-tour aussi. J'accélère. La voiture derrière moi également. Débute alors une nouvelle course-poursuite dans les rues de la ville.

Par sécurité, je fonce vers le périphérique extérieur. La BMW noire également. Encore une BMW noire ! Mon compteur indique 140 kilomètres-heure sur la voie rapide. Mon vieux tacot refuse d'aller plus vite ! J'allume un gyrophare bleu acheté dernièrement sur Internet, puis j'ouvre ma vitre et je le pose sur le toit de ma voiture. La vue des lumières bleues trouble mes poursuivants et les incite à bifurquer immédiatement sur un giratoire à trois voies. Je souffle.

Sans les voir, des ombres m'espionnent, agissant à couvert, appliquant toutes les méthodes imaginables de la voyoucratie pour accroître la pression exercée sur moi. Ma tête vaut de l'or, alors que ma détresse se déchiffre à travers ma perte de poids vertigineuse. Aucun intérêt à stopper mon harcèlement, puisque son efficacité se vérifie à mes jeans que je perds en marchant. Et à la peur en permanence imprimée sur mon visage.

Des comploteurs semblent redistribuer les rôles sans que je les influence. Ma clientèle se ringardise anormalement ces dernières semaines pour ne pas suspecter des basses manœuvres. Des perturbateurs se procurent mes entrées gratuites, ce qui m'oblige à interdire l'accès de mon club au patron d'un bar jaloux qui me les envoie. Des vandales carottent les bouteilles des habitués, les incitant à faire la fiesta ailleurs. Des dealers débarquent avec un véhicule muni d'une fausse plaque d'immatriculation, selon Jean-Baptiste. Chaque soir, les armes saisies lors de la fouille masculine me font froid dans le dos : des coups-de-poing américains, des couteaux, de quoi embrocher n'importe qui ! Enfin, des acheteurs potentiels de mes parts sociales sont incités à « lâcher l'affaire » par le gendre de Robert, histoire de stabiliser mon prix de cession au plus bas. Pourquoi ce dernier fait-il pression pour me forcer à vendre à Edwy ? Auraient-ils conclu un accord de principe sur un futur bail commercial, permettant à l'un de percevoir une hausse de loyer importante, et à l'autre une valorisation plus élevée de ses futures parts sociales ?

Nouvelle fin de soirée agitée. J'ai la tête sur les épaules alors que d'autres la perdent dans les étoiles. Mes concurrents déposent le bilan un par un. Leur patrimoine fond comme neige au soleil à cause de moi. Ça ne peut plus durer. Que faire ?

Arrivé à mon nouveau domicile – le cinquième en trois ans, galères et métier à risques obligent –, je me saisis d'un sac de sport dans lequel je balance des caleçons, des T-shirts, des paires de chaussettes et un pull. Je n'ai pas envie de dormir et je repars aussitôt. Direction l'aéroport.

Là-bas, je demande à une hôtesse d'Air France la destination du prochain vol disponible. Je n'ai pas de billet. Elle est surprise : c'est rarissime. Je lui indique ma volonté de partir sur-le-champ, à n'importe quel prix. Le prochain vol disponible est Madrid avec, dans la foulée, une correspondance possible à Saint-Jacques-de-Compostelle. Est-ce un appel de Dieu ? Je crois au clin d'œil du destin. Et ma carte bancaire brûle.

Quelques heures plus tard, je commence un court pèlerinage dans la cité de l'apôtre saint Jacques. Je retrouve la soif de prier. Je me loge dans un petit hôtel au confort rudimentaire, qui me rappelle la précarité vécue deux ans plus tôt. Imbibé de ma volonté de repli religieux, chaque jour, sans comprendre pourquoi, même sous les averses orageuses, je marche durant des heures en jeûnant et en priant. C'est un besoin vital. J'ai l'impression de nettoyer mon âme en perdition. J'implore Dieu de m'aider à quitter vivant le monde de la nuit dans lequel je suis pris au piège d'angoisses, de vices, de dangers multiples. Je les sens m'enserrer violemment. Sous l'autel de la basilique, je m'incline pieusement dans la crypte où reposent les reliques de l'apôtre. Je confie mon désarroi au Tout-Puissant. Une douce présence m'emplit d'un calme mystique. Si j'ai le sentiment que Dieu est à mes côtés, je doute paradoxalement. Dieu m'aidera-t-il jusqu'à la fin de mon pèlerinage sur Terre, alors que ma santé chancelle gravement après trois années de folies ponctuées de chocs traumatiques, de stress démentiels, de nuits sans dormir ?

Retour à La Couronne. Un tube de The Black Eyes Peas électrise le *dancefloor*. Un client originaire du village d'Emmanuelle m'interpelle. Il me met en garde contre les pratiques divinatoires de la famille de mon ancienne compagne. Rien d'exceptionnel dans un petit village tourmenté par des commérages exubérants. Tout cela m'indiffère. Toutefois, cette mise en garde me rafraîchit la mémoire. Une nuit, n'ayant pas la garde de sa fille, Emmanuelle était rentrée tardivement à notre foyer en état d'ivresse. Lorsqu'elle m'avait réveillé bruyamment, je lui avais demandé la raison de son absence, dans un état comateux proche du sommeil. Elle s'était félicitée d'avoir sollicité des esprits avec sa tante devant un calvaire lors de la « nuit des voleurs », un rite occulte à réaliser en fonction du calendrier lunaire. J'en avais aussitôt conclu qu'il s'agissait d'un énième dérapage alcoolisé, étant malheureusement familiarisé aux paroles sans valeur d'une personne ivre. Je m'étais rendormi comme si de rien n'était.

Je relis mon journal intime. Aucune allusion à des pratiques magiques d'Emmanuelle. Juste un vague souvenir. C'est dire que je n'y avais pas prêté attention ! En revanche, dès la première page, ma thérapie par l'écriture me donne un recul appréciable :

> Il est 4 h 44, une nuit frisquette d'hiver à l'heure où tout le monde dort. Ce soir – cette nuit plutôt –, je suis parti de chez Emmanuelle très en colère. J'ai fait manger sa fille pendant qu'elle était avec une connaissance droguée à la cocaïne. Je connais ses réactions. C'est un client de La Couronne. Sous l'emprise de ses merdes, il est violent. Je n'aime pas les fréquentations d'Emmanuelle. Suis-je trop sur les principes ? C'est dur à gérer pour moi, passé subitement de célibataire indépendant à papa d'adoption qui n'a que des inconvénients. Est-ce possible d'envisager quelque chose de sérieux avec Emmanuelle dans de telles conditions ? L'avenir le dira. « Babass » a vanté les mérites de la cocaïne quand je finissais de donner à manger à la petite. Mon sang a bouillonné quand Emmanuelle a vanté ses mérites sur sa libido. Silencieux, choqué, abasourdi, j'ai prétexté emmener la petite aux toilettes pour ne plus les écouter. En tant que patron de discothèque, je lutte contre la drogue alors qu'Emmanuelle la vante. C'est paradoxal. Insoutenable. Inacceptable. Quand la petite a fini ses

> besoins, je l'ai embrassée et je suis parti. Je ne supportais plus leurs discussions sur la prise de « speeds ». J'ai attendu d'entrer dans ma voiture pour pleurer. Je pense à la petite, à sa mère, à son père qui l'a laissée dormir dans les toilettes la nuit de Noël durant laquelle il était ivre. Est-ce moi qui suis trop exigeant ? Est-ce que je fais un rejet catégorique de la violence, des mauvaises manières, à cause de mon travail ? Je ne sais pas. Je ne sais plus. C'est là le problème.

Emmanuelle et moi avons vécu une passion destructrice de bout en bout. Si mon ex-compagne n'a pas vraiment été exemplaire sur toute la ligne, je suis en partie responsable de notre échec sentimental. Je n'ai jamais digéré toutes les souffrances qu'elle m'a fait endurer dès le début désastreux de notre relation. Ce refus de pardonner, mon manque d'envie de l'aimer sans retenue, mes erreurs d'appréciation après qu'elle m'eut quitté avant de revenir, l'alcool et la drogue trop présents dans son entourage, mes rapports tendus avec le père de sa fille, nos valeurs divergentes, tout cela mis bout à bout a fini par m'épuiser, jusqu'à accepter l'idée inévitable de la séparation. La course-poursuite avec sa fille dans ma voiture a été l'élément déclencheur pour passer à l'acte.

La psychologue avait raison. Une passion est un sentiment temporaire qui ne construit pas une union durable. Elle finit toujours par se transformer en haine. Il aura suffi d'une phrase choc pour me soulager : « Voulez-vous vivre avec quelqu'un qui se comporte comme une adolescente alors que vous, vous vous comportez comme quelqu'un qui a dix ans de plus que votre âge ? » Au fond de moi, je le savais. Mais j'avais besoin d'entendre ce point de vue extérieur dans la bouche de quelqu'un de neutre pour me rassurer. Quitte à payer.

10

Le monde de l'irrationnel

La sonnerie retentit. Je décroche sans imaginer la nouvelle qui va m'être annoncée.

— Salut Greg ! C'est Jérôme.

— Salut.

— Bon, je t'appelle à la suite des photos que j'ai prises samedi dernier dans ta boîte de nuit.

— Oui.

— J'ai ce qu'il faut pour la référencer sur mon site internet.

— OK !

— Je t'envoie ces photos par mail dans quelques instants.

— D'accord...

— Je préfère te prévenir, il y en a une un peu bizarre prise avant l'arrivée de tes premiers clients.

— Ah bon ?

— Oui, tu regarderas. On voit un truc blanc dessus.

— C'est-à-dire ?

— Tu verras... Je ne crois pas aux fantômes mais je ne comprends pas. Tu me diras ce que tu en penses.

— OK. Je te rappelle après l'avoir vue.

J'ouvre le fichier de la photographie décriée. Je distingue une forme humaine transparente. Intrigué, je recontacte Jérôme.

— Jérôme ?

— Oui.

— C'est Greg.

— Alors, tu as trouvé une explication ?

— Peut-être. Ça n'était pas une poussière sur l'optique de ton appareil photo ?

— Non, pas possible.

— Et ça ne peut pas être une faiblesse technologique ?

— Non plus.

— Bon… La seule hypothèse crédible est la mise en route de la machine à fumée. À moins d'un dysfonctionnement électrique, c'est impossible. Elle est commandée manuellement. Il faut appuyer sur le bouton d'une télécommande pour la faire fonctionner et ce matériel est dans la cabine du disc-jockey. Or, il n'y avait personne dedans lors de la prise de ton cliché. Mes salariés se tenaient hors du champ de ton appareil photo, justement pour que tu puisses prendre de belles photos. En plus, il faut un préchauffage d'une petite dizaine de minutes pour mettre en route la machine à fumée. Elle n'a pas pu s'allumer toute seule !

— En tout cas, Greg, je ne crois pas aux fantômes.

— Ce qui me gêne le plus, c'est que cette lueur apparaît exactement là où un retraité est décédé d'un malaise cardiaque lors d'un thé dansant, il y a deux ans.

— Non !

— Si. Bon, on en reparlera quand tu reviendras.

Un matin ordinaire. Un électricien d'une société en sous-traitance examine les débris d'un néon qui s'est écrasé au sol. Je l'interpelle :

— Pourquoi regardez-vous si longtemps ce néon cassé ?

— Je regarde s'il y a un défaut de fabrication. Que s'est-il passé ?

— Je n'en sais rien. Je suis arrivé ce matin pour faire mes papiers. Je l'ai trouvé brisé par terre, donc je vous ai appelé pour le changer. Où est le problème ?

— Un néon ne se déclipse pas comme ça !

— Ça ne peut pas être les basses fréquences des enceintes qui l'ont fait pivoter jusqu'à provoquer sa chute ? Vous savez, le samedi soir, la musique est forte.

— C'est impossible ! Quelqu'un l'a forcément touché ou fait tomber.

— Aucun client ne peut le toucher à cette hauteur-là, même en faisant la courte échelle. Peut-être qu'il était mal clipsé dès sa pose ?

— Il serait tombé depuis longtemps, il n'est pas neuf.

— Ça ne peut pas être un acte de vandalisme. Mon alarme anti-intrusion ne s'est pas déclenchée la nuit dernière. Je vais quand même vérifier. Je vais aller voir si les images de vidéosurveillance ont filmé quelque chose. Elles enregistrent automatiquement une vidéo dès que quelque chose bouge dans leur champ de vision.

Dans mon bureau, je m'assois face à l'ordinateur relié à mon système de vidéosurveillance. La caméra face à la piste de danse a bien filmé quelque chose récemment. J'ouvre le fichier. La vidéo se lance. Je n'en reviens pas ! Des lueurs blanches se baladent sur la piste de danse ! Est-ce que j'hallucine ?

J'appelle mon disc-jockey pour qu'il vienne visionner ces images, sans rien lui dire pour ne pas l'influencer. Devant l'écran, mon animateur a sa casquette sur la tête, signe d'une grande décontraction habituelle :

— Putain, mais c'est quoi ce truc-là !

— Tu vois bien la même chose que moi ?

— Ouais ! La vache ! Je reviens plus dans ta boîte !

Les images parlent d'elles-mêmes. Mon disc-jockey et moi sommes abasourdis. Toutefois, je refuse de céder à l'irrationnel. Pendant quelques minutes, j'entrevois la possibilité d'un orage nocturne pour les expliquer. La lumière d'un éclair aurait pu réfléchir sur des miroirs de la grande salle en passant à travers un puits de désenfumage. Mais non, impossible ! La caméra extérieure n'a pas filmé d'orage ni d'averse. Rien que des feuilles mortes emportées par une légère brise. Et le reflet d'un éclair ne dure pas de longues secondes. Alors comment rationaliser ces lumières blanches ?

Des images déconcertantes, une photographie énigmatique, un néon tombé au sol sans raison, une boule à facettes s'effondrant sur la tête d'une retraitée devant deux cents témoins, un jeu de lumière retrouvé écrasé sur la piste de danse un mardi matin : ces faits insolites commencent à m'interroger, de même que d'autres témoins. Les avis incisifs d'un expert en électricité me rétorquant « C'est impossible ! » et celui de Jérôme qui « ne comprend pas » son cliché m'obligent à prendre cela au sérieux. Ils coïncident avec le climat de mort qui enveloppe le bâtiment de Robert.

Je n'adhère pas à la thèse d'une âme errante plébiscitée par un salarié mis au courant. Selon moi, il y a une logique à ces mystères, sans que je puisse les percer. Je n'oublie pas que mes ancêtres originaires du milieu agricole méprisaient les charlatans et restaient prudents à l'égard des légendes magiques, lesquelles ont trop facilement conclu au surnaturel pour expliquer des mystères aujourd'hui en partie élucidés. Il y a quelques décennies, personne ne connaissait la dangerosité des antennes d'opérateurs téléphoniques ou des lignes électriques à haute tension pouvant provoquer une santé défaillante, voire la mort ou l'infertilité d'agriculteurs ou de bétails. Par ailleurs, des virus sont susceptibles de modifier le caractère d'un individu ou d'un animal, des pesticides diminuent la fertilité, ou un simple renard peut décimer un élevage de milliers de poulets morts de peur, sans laisser de traces, ce qu'un adepte de théories fantaisistes assimilerait volontiers à de la sorcellerie. Si des énigmes subsistent encore, la science en a résolu beaucoup. Donc je persiste dans cette voie cartésienne. Après Jérôme, je consulte un autre professionnel de la photographie qui écarte la probabilité d'un trucage sur la photo énigmatique. Le mystère reste entier.

La rumeur de phénomènes étranges à La Couronne se répand. Une cliente passionnée de phénomènes paranormaux me présente son père soi-disant médium. En voyant les images troublantes, il corrobore l'hypothèse d'une âme errante. D'après lui, l'âme d'une personne morte violemment pourrait errer sur son lieu de décès au lieu de rejoindre sa demeure éternelle. Le bâtiment de Robert peut bien apparaître comme un cercueil pour trouble-fêtes, cette explication ne me satisfait pas. Mis en relation avec une femme disposant *a priori* d'un don de médiumnité, cette dernière n'y va pas par quatre chemins : « Une personne jalouse vous nuit par des pratiques de sorcellerie. » Ses explications hasardeuses ne me convainquent pas plus, même si je reconnais qu'elle ne pouvait pas connaître des détails de ma vie. Obnubilés par l'univers du fantastique, les deux chevronnés du paranormal omettent des pistes plus cartésiennes : un appareil électrique qui se détraque, des réglages électriques réalisés par des non-professionnels, et la vétusté des lieux que je privilégie. Ce manque de discernement met un point final à mes investigations dans la sphère du magique. Pas besoin d'être voyant pour deviner qu'on me jalouse ! En plus des dégradations sur la façade de mon commerce visibles de tous, une personne âgée l'affirme publiquement : « Je prie tous les jours pour la fermeture de La Couronne. »

Confronté à une panoplie de mystères, je suis contraint d'ouvrir le champ du possible à certains faits passés. Des bruits suspects me semblaient liés au bois du parquet qui travaillait ou à la mauvaise isolation des combles par laquelle le vent s'engouffrait. J'attribuais la mise en route de l'alarme anti-intrusion, certaines nuits, à des volatiles nichés dans les réserves. Mon mal-être permanent me paraissait dû à mon aversion du monde de la nuit, à l'humidité excessive ou au manque de lumière. Si des pichets en plastique tombaient de leur étagère la nuit en semaine, je les remettais machinalement à leur place après les avoir lavés, en me disant qu'il s'agissait de rongeurs en quête d'une brioche stockée dans un placard. Pareil pour les verres retrouvés cassés derrière le comptoir d'un bar. Je ramassais les débris et les jetais à la poubelle, en imaginant qu'ils avaient été posés trop près du rebord d'une étagère et qu'une simple vibration les avait fait tomber. Mais n'ai-je pas commis des erreurs d'appréciation en écartant d'autres pistes moins conventionnelles ?

Au-delà des vibrations nauséabondes qu'évoque le mot « sorcellerie », je n'écarte pas définitivement l'hypothèse d'en être atteint, mais lui accorde un crédit quasi nul. L'envie de nuire délibérément à quelqu'un est tellement fréquente ! Étant très jalousé et ayant déjà entendu l'expérience d'une passionnée de thés dansants adepte de la fabrication d'un philtre d'amour pour rétablir des liens amoureux détruits, voire d'autres procédés magiques pour bouleverser l'ordre naturel des choses, il me paraît possible que des personnes envieuses aient recours à des actions ésotériques peu coûteuses pour me nuire ou leur éviter la ruine complète. Des centaines de millions d'individus portent crédit à la magie noire dans le monde, surtout en Afrique. *Idem* en France, et non des moindres : des présidents de la République, des politiciens, des hauts magistrats qui font appel à des sorciers pour gagner une élection, obtenir un poste important, écarter un rival... Conclure à l'angle restreint d'une maladie mentale pour tous ces gens n'est pas crédible, même s'il y a incontestablement de sérieux détraqués parmi eux.

Un trentenaire célibataire a pris l'habitude de venir les samedis soir à La Couronne. À force, je le connais bien. Par ses maladresses involontaires auprès de la gent féminine, il est capable de se mettre dans de fâcheuses postures. Un jour, cherchant le grand amour, il courtise par SMS Emmanuelle, dont les allers-retours blessants dans ma vie diminuent ostensiblement, à l'image des couples qui se séparent doucement. Emmanuelle me fait part de son mécontentement vis-à-vis de cet homme trop insistant et s'en agace. Elle m'invite à le convaincre de cesser ses avances. Sans effets. Alors, selon un aveu téléphonique qui entre par l'une de mes oreilles pour sortir de l'autre, Emmanuelle se décide à consulter « quelqu'un » pour « le calmer ».

Un samedi après-midi suivant, cet homme si timide et si discret se présente à mon domicile. Les gendarmes viennent de le verbaliser pour non-respect des distances de sécurité. Il s'est métamorphosé en un homme très nerveux, méconnaissable. Très vite, je constate qu'il n'y a aucun lien entre son délit routier et son comportement irascible. J'ai rapidement l'impression qu'il est possédé ! Il tient des propos incohérents si directs, si forts, si puissants, mêlés à des gestes physiques si irrationnels, en sautant subitement du canapé comme s'il recevait des coups de poignard invisibles, que j'écarte l'hypothèse d'une simulation. L'imagination a ses limites : il est devenu fou !

J'essaye de le raisonner. En vain. Il part en furie comme s'il était pourchassé par des êtres invisibles qui lui lanceraient des piques. Je contacte ses parents. Ils rencontreront un prêtre exorciste qui recevra cet homme désespéré, signe qu'il avait reçu un maléfice. Des prières de libération lui permettront de reprendre une vie plus normale.

Quelques semaines plus tard, j'atterris à l'aéroport d'Ibiza, le sanctuaire planétaire de la fête 24h/24 et 7j/7 l'été. Sur cette île paradisiaque perchée dans l'archipel espagnol des Baléares, l'esprit baba-cool des années 1960 s'est transformé en fêtes excentriques, version capitalisme XXL. Pour la seconde année consécutive, je participe aux Closing Parties en compagnie d'autres professionnels de la nuit français. Des disc-jockeys réputés mondialement se produisent lors de ces soirées grandioses dans les quatre multinationales de la nuit : Le Space, Le Pacha, L'Amnesia et Le Privilège, le plus grand club du monde pouvant accueillir dix mille personnes.

L'année dernière, j'en avais pris plein la figure avec David Guetta au Privilège plein à craquer. Cette nuit-là, ce n'est pas le mix de la star des platines qui m'avait impressionné, mais le contraste saisissant entre le calme d'une nuit étoilée… et l'embouteillage monstre dans lequel j'étais piégé parmi des milliers de noctambules en voiture qui étaient venus voir l'artiste français. Au milieu de nulle part, vers 2 heures du matin, je contemplais des centaines de véhicules à la queue leu leu, à perte de vue ! Quel souvenir ! J'avais également assisté à un *after* historique au Space, un club *leader* en fêtes décalées. Ce matin-là, vers 10 heures, quatre mille cinq cents vétérans de *house-music* se trémoussaient. Dans cette ambiance incohérente générale, parmi ces zombis aux yeux illuminés comme un sapin de Noël, durant des heures d'euphories douteuses sans l'envie de dormir, celui qui avait l'air étrange dans cette assemblée hallucinante, c'était moi, tout juste sorti du lit !

Voici la recette bancable des machines à cash d'Ibiza, vraie plaque-tournante des nuits endiablées : des top models habillés sexy, de la musique techno, des disc-jockeys stars, des night-clubs blindés de milliers d'individus venus du monde entier, des magnums de champagne vendus à des tarifs à quatre ou cinq chiffres, un esprit bling-bling, des spectacles avec acrobates comme lors des soirées Manumission, des échassiers déambulant dans les rues d'Eivissa à l'heure de l'apéritif pour rameuter les bringueurs dans leur temple nocturne, l'ecstasy ou la cocaïne presque en vente libre avec l'achat d'une entrée en boîte de nuit dans certains bars louches, le naufrage complet des autorités judiciaires submergées par les excès des drogués… Prestige de la fête oblige, cette ambiance extravagante a son revers. Entre les vrais palmiers et les faux décors en plastique, Ibiza cache mal ses ténèbres souterraines.

C'est le départ de mon marathon festif. Je dors le jour pour être opérationnel la nuit. À notre hôtel, des collègues sirotent un cocktail au bord d'une superbe piscine.

Je m'éloigne d'eux, la tête migraineuse entre une sieste improvisée et mon horloge biologique défectueuse. Le *balconing* ne fait pas encore la une des médias. Ses adeptes sautent dans une piscine du balcon d'un hôtel, de préférence le plus haut possible pour les amateurs de sensations fortes. Les substances hallucinogènes donnent des ailes ! Ambiance musique techno non-stop et open bars, puis saut de l'ange. Dans la piscine pour les chanceux. À côté pour les malheureux, charroyés vers les urgences en ambulance ou directement à la morgue dans un grand sac plastique noir. Un jeune se jetant d'une mezzanine serait ainsi devenu paraplégique à Ibiza, d'après la confidence d'un journaliste.

Trois heures du matin. Je donne un billet de 50 euros à l'entrée du Pacha. Je longe un petit bar où je vois des packs de jus d'orange « premier prix » entreposés à même le sol ; le verre y sera vendu si chèrement que j'en ressens une honte indescriptible. Autour de l'arène festive, parmi les drogués aux yeux de panda, une femme brune renifle son rail de coke à sa table, dans l'espace VIP sécurisé par un gardien musclé qui y filtre l'accès derrière un cordon. Celui qui ne prend rien semble l'exception. Un fort mouvement intérieur me retourne les tripes. Sans prendre la peine de faire demi-tour, moins de cinq minutes après être entré ici, je claque le battant d'une issue de secours puis je pars sous les insultes d'un vigile. Dans une rue sombre, à quelques mètres devant moi, un policier dirige son pistolet vers trois inconnus les mains en l'air. Je lis dans les yeux sévères de l'officier qu'il me considère comme un éventuel client des trois acolytes, à la démarche de *dealers* de came. En situation d'autodéfense, je me mets à insulter Ibiza et ses boîtes de nuit dans un espagnol francisé médiocre.

Puis je reprends ma marche en avant, sans me retourner, insensible au risque d'une garde à vue, avec l'allure inhabituelle d'un sportif sobre. Le policier est estomaqué, les trois lascars aussi. Quelques instants après, je croise des prostituées africaines sur un trottoir mal éclairé. L'une d'elles est en charmante compagnie près d'une voiture de police. En moins de quinze minutes, je me trouve à deux reprises au mauvais endroit, au mauvais moment. Je rentre prudemment à l'hôtel par la plage.

Le lendemain, alors que je suis en route vers ce que les initiés appellent « un laboratoire festif », un chauffeur de taxi entame la discussion :

— Vous êtes en vacances à Ibiza ?

— Non. Je suis ici pour le travail. J'ai une discothèque en France.

— En France, chez Sarkozy !

— Oui.

— Si quelqu'un comme Sarkozy gérait Ibiza, il n'y aurait pas deux millions de personnes l'été, mais cent mille, comme en hiver !

— Peut-être. Un de mes clients a été verbalisé pour état d'ivresse sur la voie publique alors qu'ici, l'alcool et la drogue inondent les rues. Je ne comprends pas un tel écart de traitement au cœur de l'Europe.

— C'est simple ! Ici, tout le monde vit du tourisme. Les forces de l'ordre arrêtent majoritairement les conducteurs âgés, le midi, loin des night-clubs. Les contrôles ne remettent pas en question leur business, les fêtards dépensent leur argent, les vieux croient que l'ordre règne. Tout le monde est content.

— Quelle hypocrisie !

— C'est le *business*...

Je souris en jetant un regard sur mon portable. Pas de message de mon avocat. L'acte de cession de mes parts sociales doit être prêt. Plus qu'à le signer à mon retour d'Ibiza et dire adieu à La Couronne, futur club d'Edwy.

Je pénètre dans L'Amnesia. Au fil des minutes, ma conscience me rattrape. Je me sens esclave d'une liberté des mœurs qui ressemble à un bordel géant. Derrière un garde-corps en mezzanine, de belles hôtesses en string se déhanchent, se caressent le sexe ou s'embrassent dans une ambiance érotique sulfureuse. Des hommes fortunés offrent des coupes de champagne à de jolies créatures dans des espaces VIP. Des visages dorés sont malmenés par la cadence du désir et les pétrodollars. Les décibels tremblent, la foule vibre. Des magnums de champagne sabrés sont vidés de l'étage sur la foule en contrebas, enflammée comme une allumette. En un instant, la machine à fumée géante fait disparaître des milliers de clubbers dans un manteau de gaz épais.

Bourré de tiraillements intérieurs et d'interrogations métaphysiques, le catholique converti que je suis, entré par effraction dans le monde de la nuit, ressent chaque seconde dans cette fournaise de Lucifer comme une épreuve. J'ai payé 50 euros pour un spectacle mêlant luxure et mondanité révoltantes. Inadmissible pour l'ancien nécessiteux que je suis ! Quelques secondes suffisent pour me convaincre de fuir en me faufilant parmi des corps de rêves auxquels je n'accorde pas un regard. Cette vie *borderline* n'est plus faite pour moi.

À la sortie de cette usine de la gueule de bois, un trentenaire style scandinave m'agrippe. Il est grand, maigre, pâle, les yeux rougis, extrêmement agité. Il m'arrache presque ma chemisette en hurlant :

— Cocaïna ! cocaïna ! cocaïna !

Je le pousse violemment. Est-ce une blague ? Une caméra cachée ? Un camé ? C'est bien un cocaïnomane. Une fois le danger écarté, je reprends mon chemin en quête d'un taxi puis je m'arrête, ahuri.

Face à moi, sur le parking, les gyrophares bleus et rouges des trop nombreuses ambulances colorent mes vêtements et le ciel noir d'un bleu azur à l'encre de chine. Des comas éthyliques ? Des overdoses ? Des malaises ? Un mélange de tout ça, sans doute. Cette déchéance humaine apocalyptique me glace le sang. Elle perce la voûte céleste dans la symphonie des enceintes qui crachent leurs bourdonnements pour assouvir la joie des nuitards en état de faire la fête, alors que d'autres, à l'extérieur, glissent peut-être dans l'autre monde.

J'ai déclaré la guerre contre la bêtise humaine et, alors que je suis prisonnier du champ de bataille spirituelle sur lequel je suis engagé, le Seigneur descend dans mon âme et la retourne comme une crêpe. Le *burn-out.* Au bout du bout du bout du rouleau, à l'extrême limite du supportable, le monde de la nuit m'écœure. Je veux rentrer en France, vendre ma maudite boîte de nuit à mon retour puis reprendre une vie ordonnée en adéquation avec mes valeurs.

11

La dictature de l'invisible

DANS son bureau douillet, Manuel me propose d'investir dans un futur pôle festif. Il en est le promoteur :

— La réhabilitation du lieu est un projet culturel soutenu par les politiques de la ville, du département et de la région. Les places sont chères. Des locaux sont déjà réservés. C'est 50 000 euros le pas-de-porte. Le montant du loyer est fixé en fonction du local et de sa surface.

— A-t-on prévu d'y installer des barrières de protection pour éviter que des fêtards se noient, vu qu'il est situé au bord d'un fleuve ?

— Oui.

— Même aux abords du parking ?

— Le nécessaire sera fait. C'est prévu. Avez-vous les fonds pour y investir ?

— J'ai de l'apport. Mais il me faudra plusieurs mois pour lever des fonds importants.

— Pour les locaux encore disponibles, j'aimerais une activité de restauration.

— Ça tombe bien. J'envisage de créer un sushi-bar *cosy* en misant sur le début de soirée moins confronté aux risques d'ivresse. Je salarierai un responsable d'exploitation qui pilotera l'affaire. Je veux rester en retrait comme simple investisseur. Un sushi-bar, ça rentrerait dans l'esprit du votre pôle festif ?

— Oui. Tout à fait.

— Ok. Je vais étudier ça sérieusement et je reviens vers vous rapidement.

Mon projet d'exil mis entre parenthèses, j'entreprends les démarches de création d'un sushi-bar, mais elles traînent en longueur. Au fil des mois, mes relations avec Manuel se sont dégradées. Il ne parle que d'argent, moi que de sécurité. Des confrères ouvrent leurs portes dès ce soir. De mon côté, les travaux n'ont pas commencé, en représailles à mes positions intransigeantes. Manuel a refusé mes plans d'architecte et plombe délibérément ma trésorerie. Non seulement je dois lui verser des loyers depuis des mois sans rentrées d'argent, mais en plus il me force à opérer des investissements onéreux dont une cuisine suréquipée, inutile pour un sushi-bar. Préjudice : environ 300 000 euros. Pire : comment peut-on laisser Manuel ouvrir un supermarché de la fête composé d'une discothèque géante d'une capacité de plusieurs milliers de personnes, d'une dizaine de bars et de quelques restaurants, sans les agencements de sécurité indispensables aux abords du parking non éclairé jouxtant un fleuve ? Ses clients éméchés risquent de finir leur soirée au fond de l'eau. À cette question redondante, toujours la même réponse orale : le nécessaire sera fait.

Trois mois seulement après le démarrage en fanfare du complexe festif, l'épilogue tant redouté survient. En sortant de la discothèque du site, un jeune homme se noie. Les tripatouillages débutent. Les enjeux sont énormes : un projet subventionné en millions d'euros, des dizaines d'emplois, une quinzaine de débits de boissons en phase de lancement, le député-maire en campagne pour les municipales ayant tacitement le droit de vie ou de mort sur tous les bistrotiers du site. À en croire les articles de presse, ce décès aurait pu être évité : avant cet accident, quatre jeunes avaient échappé de peu à la noyade. Autant d'alertes ignorées.

À l'annonce de ce décès dans les grands médias, les commerçants du panthéon de la fête se réunissent dans une salle confinée autour de Manuel. Vu nos rapports délétères, je ne suis pas présent. Dans cette réunion à huis clos, d'après la confidence d'un participant, la stratégie de communication à adopter est de dénoncer tous azimuts les vides juridiques du code des débits de boissons aux journalistes de télévision, de la presse, des radios nationales ou régionales dépêchés pour relayer les motifs de la catastrophe. Tous attendent une déclaration. Devant l'urgence de la situation, la moralité douteuse de certains se confirme. En parallèle, j'avais auparavant exposé ma version à Manuel. Il l'avait jugée « politiquement incorrecte », sans doute liée aux nombreux conflits d'intérêts du lieu, étant lui-même hors-la-loi car bailleur et locataire gérant d'un bar à strip-tease. Pour lui, il fallait « trouver une solution » en communiquant « en bonne intelligence », et « s'arranger ». Une vraie-fausse charte de sécurité sera rédigée entre débitants de boissons. Tout cela n'est qu'illusion, même si on sous-entend, à la lecture de ce document interne, le manque fatal de rambardes imputable… à des hommes de loi.

Finalement, la préfecture ordonnera la fermeture administrative, pendant un mois, de la discothèque d'où est sorti le noctambule décédé. Le petit responsable giclera, les gros responsables resteront. Plus grave : il faudra attendre une dizaine d'années pour que le complexe soit sécurisé grâce à la pose de barrières de protection aux abords des parkings, après plusieurs noyades mortelles. Autant de morts qui auraient été évitées si le nécessaire avait été fait à temps. Pathétique !

Après des mois d'attente, une quinzaine de personnes d'une commission de sécurité débarque pour inspecter mon bar-brasserie. Manuel s'est invité parmi les responsables des pouvoirs publics. Contrastant avec les minutes d'inspection vite expédiées pour accorder l'autorisation d'ouverture à mes voisins l'année dernière, les normes de sécurité semblent étrangement beaucoup plus strictes pour mon bar-brasserie. Des fonctionnaires soudainement maniaques multiplient les restrictions, dénoncent des risques imaginaires, dépouillent les conclusions du rapport d'un cabinet de contrôle privé pour y chercher la petite bête. La mascarade vire au règlement de compte. Au bout d'une heure d'inspection, un haut responsable de la préfecture sollicite un refus d'ouverture sans motif légal. C'est l'autorité suprême. Imparable. En trois points, on refuse d'ouvrir mon commerce, on diligente son dépôt de bilan automatique, on me crucifie socialement à long terme. Mon exécution si rapide prend l'allure d'une basse vengeance, dans un contexte de violations flagrantes du droit. Le principe de précaution, ces dépositaires de la loi le font appliquer aux autres et pas à eux-mêmes, au regard de l'insécurité mortelle du complexe festif.

Ma société mort-née, Manuel jubile. Mon business est dans son escarcelle. Pas besoin d'y faire le ménage ou de travaux supplémentaires : tout est aux normes d'accessibilité, sans grain de poussière, sans réserve technique. Il n'y a que ma personne à faire déguerpir. Officiellement, au prétexte qu'il faut « une tablette au bar pour que les handicapés puissent poser leur verre », une autre au vestiaire au cas où « un handicapé ait envie d'y faire un chèque », une troisième à la caisse de l'entrée occasionnant une gêne inévitable pour les personnes valides, et enfin des robinets à déplacer de quelques centimètres dans les sanitaires. Officieusement, car « [je] n'ai pas voulu rentrer dans le système » – selon Manuel.

Ne pouvant rester plus longtemps parmi des manipulateurs de la loi, je déserte mon établissement en faisant mine de vouloir me jeter dans le fleuve. Un policier et un pompier membres de la commission de sécurité déboulent pour m'empêcher de commettre un geste inconsidéré. En m'avouant « qu'ils ne comprennent pas tout », ils me proposent un « arrangement » : mon procès-verbal d'ouverture dès que des agencements mineurs seront effectués. C'est chose faite le jour même. Sans brûler un cierge. C'est dire qu'on refusait de me laisser exercer pour des futilités !

Après plusieurs semaines d'activité, je m'engouffre au sein du tribunal de commerce local. Mon dépôt de bilan n'est pas dû à un plan de financement mal établi, mais à un habile complot de Manuel orchestré depuis des mois. Résultat : mes salariés sont catapultés à Pôle emploi. Nous payons très cher mes convictions chrétiennes et mon refus d'entrer dans un système mafieux ! Toute ma vie, je reverrai cette salariée pleurer car on avait lynché notre bel outil de travail.

Suite à la vision terrifiante de deux jeunes tombés dans le fleuve devant mon commerce, j'indique à maître Denis, l'administrateur judiciaire, mon désir de céder mon affaire. Sa vente reste néanmoins bloquée par Manuel qui lance une action judiciaire en référé pour résilier notre bail – une procédure totalement disproportionnée pour s'approprier mon commerce. Une preuve irréfutable de son abnégation à vouloir s'emparer *franco* et *manu militari* de ma société.

Un après-midi, le tribunal de commerce se réunit pour étudier les deux offres de reprise de mon établissement. La première est portée par Louis, un patron de discothèque de bonne réputation. La seconde par Angelo, en charge de développer un concept franchisé de bar discount. À la fin de l'audience, les magistrats accordent leur préférence à Angelo, vu son chèque de banque de 165 000 euros. Le tribunal met en suspens son délibéré, forcé d'attendre l'examen de l'action en référé de Manuel sur sa tentative de résiliation du bail.

Le jour suivant, Jordan, mon responsable d'exploitation, est convoqué à l'étude de maître Denis. Coup de théâtre ! Grâce à une porte ouverte, Jordan assiste en direct à une tentative de corruption. Maître Denis reçoit un appel téléphonique de Manuel qui propose « un arrangement » *via* « une offre légèrement supérieure à celle d'Angelo » retenue par les juges consulaires. En échange, il annulerait sa demande de résiliation du bail s'il est sûr de s'approprier mon fonds de commerce. En dévoilant le montant de l'offre d'Angelo, maître Denis viole le secret de l'instruction.

Le lendemain, Manuel envoie à maître Denis une proposition de rachat de 170 000 euros, illicite car hors délai. Cette offre maintient l'emploi de Jordan, dégoûté par les malversations dont nous sommes victimes. En revanche, Manuel ne retire pas sa demande de résiliation du bail, c'est dire la valeur de sa parole. Trois semaines plus tard, le bail de mon bar-brasserie est maintenu par les juges du TGI. Malgré tous ses efforts, Manuel ne fera pas main basse gratuitement sur ma société !

À l'ultime audience du tribunal de commerce pour statuer sur le repreneur de mon bar-brasserie, nous sommes une quinzaine présents : l'administrateur judiciaire maître Denis, le mandataire liquidateur maître Marinat, Fabrice et Manuel, leur avocat, Jordan, Angelo et son président-directeur général, des juges, le représentant du parquet et moi-même. Le président du tribunal prend la parole :

— Maître Denis, y-a-t-il du nouveau dans ce dossier de reprise ?

— Oui, Monsieur le Président. Nous avons reçu une nouvelle offre déposée hors délai par Manuel. Elle s'élève à 170 000 euros. Lors de la dernière audience du tribunal, deux autres offres avaient été examinées. La première d'Angelo, présent ici, pour un montant de 165 000 euros, toujours valide. La seconde par Louis, qui n'est plus candidat à la reprise de cette affaire.

— Qu'en pensez-vous, maître Marinat ?

— Monsieur le Président, vu le passif important de l'entreprise, il est préférable de retenir l'offre la plus élevée.

— Manuel, pouvez-vous nous en dire plus sur votre offre ?

— Monsieur le Président, j'ai déposé cette offre en partenariat avec Fabrice. Ce dernier a l'expérience nécessaire pour pérenniser cette affaire. C'est un grand professionnel de la restauration. Il gère déjà plusieurs affaires.

— Bien. Les représentants de l'offre retenue lors de la dernière audience peuvent-ils me donner leur point de vue sur ce dossier ?

— Avec plaisir, Monsieur le Président ! Angelo et moi avons été l'objet de nombreuses menaces de la part de Manuel pour nous dissuader de reprendre ce commerce, que ce soit lors d'un entretien, par téléphone ou mail. Je cite Manuel dans un mail reçu dernièrement : « Je vous invite à lâcher l'affaire, sinon je vais devoir augmenter le loyer mensuel de 3 euros HT par mètre carré et exiger un dépôt de garantie important. » D'autres intimidations ont été faites. Je préfère ne pas les évoquer.

Je suis médusé ! Manuel et Fabrice avaient mené un complot pour tuer et reprendre mon commerce qui dépasse l'imagination. Voyant que la situation tourne en sa défaveur, Manuel intervient :

— Monsieur le Président, ma façon de procéder est normale, comme toute négociation commerciale.

La partie adverse l'interrompt :

— Monsieur le Président, j'en appelle à votre devoir. L'offre de Manuel est arrivée hors délai, ses fraudes sont multiples. Je veux bien y revenir !

— Bon, je lève la séance ! Chaque partie présente va écrire sur une feuille blanche son offre pour acquérir ce bar-brasserie, avant de la glisser dans une enveloppe. Vous avez cinq minutes !

Les postulants s'isolent, puis reviennent avec une offre de rachat. Le président du tribunal reprend la séance :

— À la lecture de ce papier, Manuel, vous êtes prêt à racheter cette affaire pour la somme de 190 000 euros. C'est bien ça ?

— Oui, Monsieur le Président.

— À la lecture de ce papier, Angelo et votre collaborateur, vous êtes enclins à débourser 200 000 euros ?

— Oui.

— Très bien. Alors, je vous attribue la cession de cette entreprise pour ce montant ! Est-ce que quelqu'un veut prendre la parole avant la fin de la séance ?

— Oui, Monsieur le Président, renchérit le représentant du ministère public. Vu ce que nous venons d'apprendre, je m'adresse à vous, Manuel. Votre comportement est pénalement répréhensible ! Il est comparable à de l'extorsion de fonds et du trafic d'influence. Il est inacceptable d'agir de la sorte !

Je quitte le tribunal de commerce déshonoré, sans emploi, sans couverture sociale, surendetté à hauteur de 700 000 euros, ruiné par des gangsters de la nuit impunis dont les multiples trahisons relèvent d'une tricherie conçue et préméditée en association de malfaiteurs, sous le coup d'une interdiction de gérer, jeté à nouveau à la rue sous la pression des huissiers de justice, dans un chagrin complet, émotionnellement anéanti. Un lourd préjudice humainement et moralement inestimable.

12

La malédiction

C'EST lundi. Noël approche. Le téléphone sonne alors que je suis en voiture :

— Greg ?

— Oui !

— C'est ton frère.

— Attends, je me gare… Je suis avec Maman ! On arrive dans quinze minutes !

— Elle t'a mise au courant ?

— Oui ! Papa a fait un malaise chez toi, c'est ça ? Ça va ?

— Pas la peine de rouler vite… Les pompiers n'insistent plus… C'est fini…

C'est fini. Trois mots. Et un pilier de ma vie s'effondre en une fraction de seconde sans un dernier sourire pudique entre un père et son fils qui n'ont jamais osé se dire « Je t'aime ». Papa a lancé sa dernière échappée pour accomplir cet acte si mystérieux de l'entrée dans l'éternité après deux cancers, deux accidents vasculaires cérébraux, des examens médicaux incalculables.

Chez mon frère, un camion de pompiers est stationné, gyrophare éteint. Là, je comprends. Plus aucun espoir. Maman est forte, mon frère sonné. Dans la matinée, sa chienne golden retriever léchait inhabituellement les mains de Papa, à tel point que mon frère avait dû l'enfermer pour qu'ils puissent bricoler tranquillement. N'avait-elle pas senti le malaise cardiaque venir ?

Après les démarches effectuées auprès des services funéraires, je raccompagne Maman chez elle afin d'annoncer ensemble, *de visu*, la terrible nouvelle à mon frère aîné. Ricky, un croisé berger allemand, nous accueille tristounet sans se saisir de son ballon comme d'ordinaire. Il renifle nos chaussures en cherchant désespérément Papa. Lui aussi a compris. Une rivière de larmes se déverse à nouveau quand une voisine de Maman nous interpelle : « Que s'est-il passé chez vous vers 16 h 30 ? Votre chien hurlait à mort ! Avec des voisins, on s'inquiétait ! » Elle ne pouvait pas l'inventer. C'était le moment où Papa s'envolait vers le Ciel… à 20 kilomètres de là. Autant d'anecdotes bouleversantes donnant l'impression que des animaux disposent d'un sixième sens.

À la tombée de ma première nuit d'orphelin, savoir où repose Papa me pousse à relire le témoignage poignant de Krystel Cahanin-Caillaud, *Je suis sortie de mon corps*, dans lequel elle raconte son expérience de mort imminente inexpliquée par la médecine en décrivant des faits, des lieux, des personnes, en dehors de sa chambre d'hôpital où elle était alitée… cliniquement morte. Page après page, je suis conforté dans l'idée que la mort est un passage entre un monde visible et un monde invisible. Quand la flamme de la vie s'éteint, l'âme s'envole, et un long voyage débute.

C'est le réveillon de Noël. Vu les circonstances, nous le passerons chez mon oncle. Nous y partons à deux véhicules en soirée. Je conduis celui de Maman, avec elle et mon frère aîné à bord. Mon frère cadet prend le sien avec sa famille. Sur le trajet, nous nous perdons. Je m'arrête. Nos téléphones ne captent pas. Je fais demi-tour. Au fil des kilomètres, l'inquiétude grandit. Le réseau enfin disponible, j'appelle mon frère introuvable :

— Vous êtes où ?

— On est dans une impasse. On a un pneu crevé ! Vous êtes passés devant nous sans nous voir !

— OK. On fait demi-tour !

La roue de secours enfin posée, la voiture de Maman cale au moment de repartir. La batterie a lâché. Le sort s'acharne. Encore des larmes ! Un riverain nous prête des pinces avec lesquelles nous faisons redémarrer la voiture récalcitrante. Noël est sauvé, malgré deux pannes et plusieurs portables capricieux. Quelle malchance !

Ma vie reprend son cours. Après plusieurs déménagements pour échapper à des coupures d'eau et d'électricité ou au passage des huissiers, je lutte comme un fou pour survivre jusqu'au lendemain – en dépit d'une grâce extraordinaire obtenue peu après mon passage dans le sanctuaire confidentiel de Marie-Julie Jahenny, une mystique catholique stigmatisée ayant vécu en Bretagne, à cheval entre le XIXe et le XXe siècle.

Spirituellement, Dieu me protège car je déniche un logement inespéré. Un prêtre me propose de louer un studio en colocation, à prix modeste, dans un foyer catholique pour jeunes travailleurs géré par une association interparoissiale. Fidèle à son rôle d'assistance, l'Église me sort de la galère. Une petite chambre meublée devient mon délicieux abri à ma recherche permanente de Dieu. En cohabitant auprès de plusieurs prêtres, je mesure l'engagement colossal de leur sacerdoce. Ils se consacrent entièrement à leurs paroissiens et au service de Jésus-Christ. Ils vivent par lui, avec lui, et en lui. Ce sacrifice est sublime. Forcément, je réfléchis à la prêtrise mais je ne ressens pas l'appel intérieur décisif. Là où je vis, mes journées sont rythmées par la prière, l'écriture ou la lecture. Il est aisé d'y feuilleter des livres sur Marthe Robin, sœur Yvonne de Malestroit, le saint Curé d'Ars, saint Padre Pio… et de découvrir les attaques que le diable a fomentées contre eux.

Familialement, le veuvage de Maman est une épreuve douloureuse. Elle s'ajoute aux démarches administratives laborieuses après le décès d'un être cher, un litige avec le locataire malveillant de mon frère aîné qui nécessitera plusieurs mois de travaux pour réhabiliter un bien immobilier mal entretenu, puis la liste vertigineuse de mauvaises nouvelles familiales qui s'allonge dramatiquement : des décès, des accidents, des hospitalisations, des litiges, des séparations, des machines détraquées. Un nettoyeur haute pression tombe en panne. Puis une tondeuse, une machine à laver, une porte de garage électrique, une télévision, une platine de disc-jockey après cinq jours d'utilisation, des ordinateurs. L'obsolescence programmée n'explique pas tout. Aussitôt réparés, des appareils flanchent à nouveau. D'autres se mettent en marche tout seuls en ma présence. Deux réparateurs manifestent un étonnement perplexe par une série inquiétante de « c'est bizarre ! ». Après une ampoule de phare qui s'est éteinte une nuit devant des gendarmes qui n'en demandaient pas tant pour me verbaliser, puis le vol de ma voiture, je pars me recueillir une dernière fois auprès d'une grand-tante religieuse décédée la veille. Un chauffard en sens inverse percute le rétroviseur gauche de la voiture de Maman que je conduis. Sous la violence de l'impact, je prononce *illico* cette phrase : « Bon sang, nous sommes maudits ! » Et si c'était vrai ? Une sorte de malédiction n'atteint pas que moi, mais tous mes proches.

Sentimentalement, à chaque fois qu'une femme bienveillante s'approche de moi, elle vit un drame : une tentative de suicide, une dépression, une anorexie, un dépôt de bilan, un cancer incurable… Inversement, lorsqu'une demoiselle malveillante entre dans ma vie, rien d'anormal ne se produit ! Dès lors, mon célibat est forcé puis accepté volontiers. Ému par la tentative de suicide de Sophie avec qui j'ai flirté, je l'emmène un jour au Mont-Saint-Michel. Là-bas, devant une statue de l'archange, j'ai une conviction intérieure : Sophie rencontrera bientôt l'homme de sa vie et je lui en fais part. Le soir même, sur un site de rencontres, elle découvre un message laissé par un inconnu avec lequel elle se mariera avec joie. Mais si mes prières en faveur de Sophie ont eu une efficacité redoutable, les miennes pour me sortir des griffes du mal sont infructueuses. Pourquoi ?

Médicalement, des maux mystérieux touchent mon entourage ou moi-même. Un jour, un ophtalmologue expérimenté dit à ma mère, gênée plusieurs semaines par une déchirure de la rétine près d'un nerf optique : « Je n'ai jamais vu ça de ma carrière ! » Et il lui conseillera un avis médical complémentaire. Un autre jour, le chirurgien ophtalmologiste qui m'a opéré au laser pour corriger ma myopie constate l'échec de son opération – « ce qui est rare », ajoute-t-il. Enfin, un oncle frôle la mort après un malaise au bord de la mer : cause médicale inconnue.

Pour garder la santé dans ces conditions si défavorables, j'enfourche occasionnellement mon vélo. La malchance me poursuit : je casse des rayons ou brise mon cadre de vélo quasiment neuf et garanti à vie, en m'entraînant sans forcer – ce qui est « rarissime », selon le réparateur. Ou c'est une crevaison, ou une voiture qui me renverse. En constatant le nombre saisissant d'accidents que j'évite de justesse à cause d'un chauffard ou d'un piéton imprudent, une connaissance remarque que je suis souvent « au mauvais endroit au mauvais moment ».

Judiciairement, des dysfonctionnements tragicomiques animent mes affaires. L'acte de cession de mes parts sociales de La Couronne ayant été mal rédigé par mon ancien avocat, un juge d'instruction m'a convoqué dans son bureau suite à une plainte d'Edwy, procédurier hors pair. J'ai déstabilisé ce juge d'instruction en lui remettant en mains propres les preuves écrites tangibles sur lesquelles reposait ma défense. Il les découvrira au bout de trois années de procédure, à la fin de sa commission rogatoire, à charge... faute d'éléments en ma faveur. Qui avait donc falsifié l'enquête démarrée à la brigade de gendarmerie où j'avais remis mes pièces à convictions à trois reprises ? Le nouvel avocat qui m'assista en rajouta une couche en pointant du doigt les mystérieuses disparitions de documents dans ma procédure, certifiant ma bonne foi – et pas ceux de l'accusation empêtrée dans plusieurs opérations périlleuses. De plus, on avait oublié de prévenir mon conseil juridique « particulièrement surpris de ne pas avoir été informé de cette audition ».

À noter qu'en multipliant les oublis et les incompétences, volontaires ou non, on peut faire condamner n'importe qui pour n'importe quoi. Le mandat d'amener pris à mon encontre était une mesure totalement disproportionnée au regard des faits reprochés, un privilège réservé dans la pratique aux voyous en cavale, pas à un chef d'entreprise malmené au casier judiciaire vierge. Plus drôle, mes deux plaintes contre Manuel et Fabrice ont été classées sans suite malgré des preuves irréfutables, inattaquables et très convaincantes : une plainte simple et une autre avec constitution de partie civile ponctuée d'une ordonnance de non-informer scandaleuse. En effet, pour bâtir un empire de la fête en partant de zéro, à une vitesse fulgurante, dans une ville connue pour ses pratiques mafieuses et la lenteur de l'administration, cela suppose des nerfs d'acier, un sens inouï des affaires, des collusions politico-judiciaires. Tout cela correspondrait donc volontiers à une « protection » et des représailles organisées, comme téléguidées.

Financièrement, je croule sous les dettes. Je n'utilise plus de compte bancaire en France puisque l'interdiction bancaire a été inévitable. Un compte ouvert lors de mon projet d'exil me sauve la vie. Pour satisfaire mes besoins vitaux, j'encaisse un chèque de 6 500 euros proposé par l'assurance responsabilité civile de mon ancien avocat, responsable d'une partie de mes déboires judiciaires. Je me débrouille sans mutuelle santé ni sécurité sociale : je n'ai pas le droit de tomber gravement malade et ne peux pas normalement me nourrir, me vêtir, me déplacer, vivre.

Professionnellement, je suis psychologiquement si détruit que je suis incapable de travailler. Je n'envisage rien d'autre que justice soit faite et je me démène pour y arriver. Un éditeur parisien s'est montré intéressé par mon histoire rocambolesque mais mon impatience l'agace, mes accusations aussi. Un autre éditeur parisien me fait signer un contrat d'édition situé rue du Bac à Paris, lieu d'apparitions de la sainte Vierge. Est-ce enfin le secours de la Providence ? Non. Il déposera le bilan peu après. Encore un échec !

De retour à Lourdes comme animateur bénévole encadrant des adolescents joyeux en pèlerinage, j'interpelle père Bernard :

— Ma grand-mère maternelle a vu une guérison spectaculaire ici. Pendant une célébration, une personne handicapée a crié, s'est levée, puis a marché après avoir été des années immobilisée dans un fauteuil roulant !

— Dieu fait des prodiges ! J'ai aussi été le témoin de deux guérisons.

— Pourquoi les médias n'en parlent pas ? Le surnaturel est partout ! Hier, un prêtre centrafricain m'a parlé d'une grande croix blanche apparue dans le ciel près de Bangui en 2007. Des milliers de personnes l'ont vue pendant vingt minutes environ. En France, pas un mot !

— Sais-tu que le dernier miraculé de Lourdes habite dans notre diocèse ?

— Oui. J'ai vu son témoignage sur Internet, malgré des bugs récurrents.

— Des bugs ? J'étais informaticien avant de devenir prêtre. Tu veux que je regarde ton ordinateur ?

— Volontiers ! J'ai souvent des problèmes techniques quand j'entreprends une démarche religieuse. Je travaille actuellement sur un projet de livre mais mon ordinateur plante sans arrêt. Dans ma colocation, il y a des coupures de courant presque tous les jours, un sèche-linge et une machine à laver à usage collectif tournent à plein régime à trois mètres de mon ordinateur ce qui m'empêche de me concentrer, l'alarme incendie se déclenche jusqu'à deux fois par jour, deux colocataires pas vraiment catholiques sèment la zizanie, un autre met du rap à fond les baltringues... L'autre jour, la photocopieuse d'un magasin est tombée en panne quand je photocopiais mon manuscrit. L'idée que le diable trouble la rédaction de mon livre me traverse l'esprit. La foudre est même tombée sur mon précédent logement et a détruit mon disque dur !

— Partout où il y a le diable, Dieu se cache derrière ! Qu'est-ce que tu écris ?

— J'écris ma vie d'ancien patron de discothèque converti. J'évoque aussi ma passion amoureuse avec une jeune femme qui n'était pas du style à aller à la messe.

— C'est-à-dire ?

— Il y avait des pratiques divinatoires dans sa famille. Un jour, elle m'a raconté avoir consulté quelqu'un pour calmer un client trop insistant. Ce gars a complètement pété les plombs... Il a dû aller voir un prêtre exorciste !

— Oh là...

— Le prêtre centrafricain me disait que la sorcellerie fait des ravages en Afrique.

— Et même par chez nous !

— Ah bon ?

— Bien sûr ! J'ai une paroissienne qui s'amuse à faire du mal aux autres. C'est pathétique...

— En tout cas, j'ai quitté cette fille il y a six ans. Si elle est à des années-lumière de mes pensées, il m'arrive de me réveiller avec la sensation de sa présence à mes côtés. C'est peut-être mon imagination.

— Pas forcément.

— D'autres personnes vivent des trucs pareils ?

— Oui ! Quelle est ta pratique religieuse ?

— Je dirais intensive. J'ai reçu une grâce extraordinaire il y a trois ans après avoir prié dans la chaumière de Marie-Julie Jahenny. Tu la connais ?

— Oui. Continue.

— J'ai voulu être digne de cette grâce. Peu après, je suis allé me confesser pour la première fois auprès du père Francis. Il s'est rendu compte que je n'allais jamais à la messe et que je n'étais pas confirmé. Depuis, je vais à la messe fréquemment et j'ai reçu le sacrement de confirmation l'année dernière, mais ça n'a pas été simple !

— C'est-à-dire ?

— La veille de ma confirmation, mon réveil s'est détraqué, j'ai failli louper la répétition, puis je me suis cassé une dent en croquant un morceau de chocolat. Ça m'a fait un mal de chien !

— Des trucs comme ça t'arrivent souvent ?

— Oui. L'autre jour, je suis parti avec trois amis au sanctuaire de Marie-Julie Jahenny. Les jours précédents, j'ai perdu un grand-oncle et le chien de ma mère. Mon parrain de confirmation qui devait nous conduire a eu un accident, ma marraine de confirmation a appris le cancer incurable de la tante de sa fille, l'autre amie a eu un lumbago. On a pu aller se recueillir, mais à quel prix !

— Quelqu'un fait ton suivi spirituel ?

— Plus maintenant. Père Francis part en Belgique pour deux années de théologie.

— Appelle-moi à la rentrée. On essaiera de se voir régulièrement. D'ici là, je vais te donner les coordonnées d'un prêtre exorciste. Contacte-le de ma part.

— Je suis fou ?

— Non. Tu es régulièrement attaqué par le Malin. Ce que tu vis n'est pas normal. Il y a peut-être un lien avec ton livre. Il faut prendre des dispositions. Dieu a une mission particulière pour toi.

13

L'exorcisme

Au sein d'une communauté religieuse discrète, un prêtre exorciste m'accueille pour la première fois :

— Bonjour ! Vous avez réussi à venir sans encombre ?

— Oh que non ! Il y a trois jours, un retraité a reculé dans ma voiture stationnée. Elle ressemble à présent à un véhicule de stock-car à l'avant ! Après le passage d'un expert en assurance, le garagiste m'a dit hier : « Ta voiture est foutue ! » Il ne pouvait pas me prêter de véhicule. J'ai dû venir avec mon tacot accidenté. J'ai pris les petites routes pour éviter les gendarmes.

— On aurait pu décaler notre rendez-vous. Ce genre de déconvenue vous arrive souvent ?

— Oui. Des accidents, des malheurs, des échecs, ça arrive à tout le monde. C'est leur fréquence anormale dans ma vie qui est intrigante. Ça n'arrête pas. D'après père Bernard, ça n'est pas normal.

— Je reprends votre courrier. Pouvez-vous m'en dire plus sur votre passé ?

— J'ai eu une enfance normale. Mes parents m'ont éduqué sur la base des principes chrétiens, sans pratique religieuse hormis mon baptême et ma première communion. Ma vie a basculé vers 24 ans. J'ai créé un dancing qui fut transformé en discothèque un an plus tard. J'y ai vécu un enfer : pressions mafieuses, violences urbaines, culture de la mort… Je me suis converti là-bas tout en constatant quelques phénomènes étranges.

— De quelle sorte ?

— Des objets qui tombaient par terre, des bruits suspects, peut-être des entités. J'ai longtemps nié ces faits insolites jusqu'au jour où quelqu'un a pris une photo de la piste de danse sur laquelle on distingue une forme humaine transparente. Un retraité était décédé d'un malaise cardiaque au même endroit lors d'un thé dansant deux ans auparavant. Une vidéo des caméras de surveillance a filmé des trucs bizarres aussi. Je n'ai pas d'explication.

— Comment vous sentiez-vous dans votre discothèque ?

— Mal. Après la chute d'une boule à facettes sur une cliente devant deux cents témoins, j'avais demandé à un prêtre de venir bénir ou exorciser les lieux. Il n'a pas voulu. Je n'ai pas insisté. Croyait-il au diable ? J'en doute.

— Parlez-moi de votre ancienne compagne. Vous m'avez écrit qu'elle aurait avorté ?

— Oui. Au moins une fois, chirurgicalement. Peut-être une deuxième, chimiquement, lorsqu'on vivait en concubinage. Je n'en suis pas sûr à 100 %. Nous avons vécu une passion destructrice. J'ai mes torts dans cette histoire.

— Si l'Église recommande la chasteté avant le mariage, perçue comme ringarde aujourd'hui, ça n'est pas pour empêcher les amoureux de s'aimer. C'est pour les protéger. Un rapport sexuel crée un lien d'âmes qui a des conséquences éternelles dans le monde invisible. Seule une confession sincère les efface.

— À l'époque, je ne connaissais pas grand-chose à la morale chrétienne. Maintenant, je mesure l'horreur de mes pires péchés !

— Je vous conseille de faire dire une messe pour ces bébés avortés, de les confier à la Sainte Vierge par la prière, puis de vous confesser. Il serait souhaitable qu'Emmanuelle assiste à cette messe. Vous avez encore des contacts avec elle ?

— Non. Nous nous sommes quittés en mauvais termes. C'est peut-être un hasard mais depuis que je l'ai quittée il y a six ans, ma vie est une succession de calamités.

— A-t-elle des liens avec l'occultisme ?

— Oui. La tante d'Emmanuelle est voyante. Elle est très gentille mais je ne serai pas surpris qu'elle pratique la magie. Il y a eu des allusions. En plus, une nuit, Emmanuelle est rentrée ivre à notre foyer. Elle m'a dit qu'elle avait sollicité des esprits durant la nuit dite « des voleurs » avec sa tante, un rite à effectuer selon la lunaison. Je ne peux pas vous en dire plus, je n'y connais rien.

— Quels sont vos liens avec l'occultisme ?

— La tante d'Emmanuelle m'a tiré les cartes une fois, une cliente l'a fait aussi. J'ai consulté deux médiums pour connaître leur avis sur les phénomènes inexpliqués à La Couronne. Le premier m'a parlé d'une âme errante, l'autre de sorcellerie contre moi. Ils négligeaient des pistes cartésiennes, ce qui les discréditait à mes yeux.

— Quelle est votre situation maritale ?

— Célibataire sans enfant.

— Et votre pratique religieuse ?

— Je rattrape le retard de ma jeunesse. J'ai reçu le sacrement de confirmation récemment. Je me confesse régulièrement. Je récite le chapelet quotidiennement. Je vais à la messe deux fois par semaine. Après ma conversion, j'ai mis dix années à franchir le pas de la pratique religieuse. Ça n'est pas simple de le faire, seul, sans connaître les rites. Je ne savais pas quand m'asseoir, me mettre debout, quoi faire…

— Autre chose ?

— Oui. J'ai créé un bar-brasserie où j'ai vécu une liquidation judiciaire frauduleuse commanditée par mon ancien bailleur. Par convictions chrétiennes, j'ai refusé de rentrer dans un système mafieux basé sur le clientélisme, la corruption, les intimidations. Mon ancien bailleur a agi en trois étapes : mise en difficulté de mon entreprise par de lourds investissements imprévus, tracasseries administratives diverses pour accélérer mon dépôt de bilan, puis tentative échouée de reprise de mon affaire par la justice commerciale. Il a violé si souvent la loi que je soupçonne l'influence d'un réseau qui lui accorderait une immunité délictuelle et pénale.

— Pourquoi suspecter un réseau ?

— Des plaintes classées sans suite en dépit de la gravité des faits et de preuves accablantes, des enquêtes falsifiées, des preuves volatilisées, des procès-verbaux vidés de leur substance, un très curieux appel du ministère public à la suite d'un jugement trop clément à mon égard en première instance malgré l'engorgement des tribunaux… Un faisceau d'indices concordants converge : celui d'une persécution organisée. Je soupçonne un pacte corruptif à grande échelle et des représailles voulues à cause de ma volonté d'avoir voulu le dénoncer. L'hypothèse d'une profusion d'incompétences n'est pas tenable ; celle du manque de moyens non plus. J'ai été méthodiquement ruiné et je risque la prison à cause d'un serial-corrupteur libre d'agir. Depuis des années, il fait main basse sur des établissements de nuit en fracassant toutes les barrières ostentatoires de la légalité. Il a provoqué d'autres faillites similaires et massacré des dizaines d'emplois. Qui plus est, le pôle festif qu'il dirige a été endeuillé à plusieurs reprises par des noctambules alcoolisés tombés dans un fleuve sans que des agencements sécuritaires indispensables n'aient été installés près des parkings. C'est trop gros, trop fréquent, trop visible, avec trop de complicités dans trop de pouvoirs publics. La vérité est savonnée au sein même d'une brigade, d'un commissariat ou d'un tribunal. Sans m'en apercevoir, j'ai risqué ma vie en me confiant à un policier en apparence réconfortant alors qu'il s'est rangé du côté de la pègre, en dehors de toute officialité, en me décourageant de porter plainte contre mon bourreau prétextant une « protection ».

— Rien d'autre ?

— Si. Casser l'instruction, briser l'éthique d'un dissident, me faire passer pour un délinquant aux yeux de tous, voilà comment la pègre vide le pouvoir de l'État et se l'approprie. Ce travail de sape est voulu. C'est une piqûre de rappel. Dans le monde des affaires, les nouvelles vont vite. Ma répression excessive a incité des bistrotiers à suivre la discipline de fer de mon ancien bailleur qui capitalise sur la frustration de ses victimes. C'est l'arbre qui cache la forêt. Armés d'une cravate, les vrais truands s'imposent par la corruption et conquièrent des pans entiers de l'économie. Comme le monde de la nuit va mal, ils se diversifient dans l'immobilier, la restauration, le bâtiment... Tout est plus subtil qu'il y a trente ans. Plus besoin de fusiller quelqu'un pour gagner beaucoup d'argent. Il y a juste à corrompre des dépositaires de la loi ! Faire couler le sang engendre des difficultés, les vengeances, les représailles. Donc au lieu de s'affronter, hormis les gangs de banlieue ultra-violents qui contrôlent le marché de la drogue, les as du crime organisé moderne s'apprivoisent. Ils veulent une vie privée, une maîtresse, et refusent de vivre dans la clandestinité. D'où le fait qu'ils prennent leur temps pour se hiérarchiser, assurant leurs arrières et consolidant leur « protection ». Si les injustices que j'ai vécues pourraient induire un manque de discernement, la vérité saute aux yeux : on ne peut pas bâtir un empire dans le monde de la nuit réputé pour ses pratiques mafieuses, seul, en partant de zéro, dans une ville connue pour ses zones d'ombre, sans l'aide de personnalités et de moult fonctionnaires. D'ailleurs, mon ancien bailleur investit sur le domaine public avec l'accord invraisemblable de barons de la loi, ce qui sous-entend qu'ils font partie du « système ».

— J'ai terminé ce que j'appelle l'entretien de discernement. Concrètement, la souffrance des personnes qui viennent me voir a deux causes : psychologique ou spirituelle. Dans le premier cas, je les oriente vers un psychiatre ou un médecin. Dans le second, nous prions ensemble. D'après ce que vous me dites, une maladie psychologique me paraît à exclure. Vos propos sont cohérents. Je privilégie l'approche spirituelle car le mal est omniprésent dans votre vie : la gestion d'une discothèque qui est une usine à péchés, un environnement nocturne violent, un amour idolâtre, des relations sexuelles désordonnées hors mariage, une partenaire potentiellement infestée par un démon, des interruptions volontaires de grossesse, une faillite organisée, des accidents à répétition, des blocages sur tous les plans… Je vous propose d'aller prier ensemble. Le discernement va se poursuivre pendant la prière.

J'entre dans l'oratoire. À ce moment-là, je crois en l'existence de Dieu et je suspecte celle du diable, mais cela reste une croyance personnelle. Une religieuse nous rejoint afin d'assister le prêtre exorciste. Ce dernier, muni d'une étole, ouvre un vieux livre puis commence une prière de libération.

Dès les premiers mots, je ricane d'une manière incontrôlable. J'en ai honte mais c'est plus fort que moi ! Il ne s'agit pas d'un fou rire nerveux. Jamais je ne me permettrais de rire bêtement dans un lieu sacré, face à des disciples du Christ. Jamais ! D'autres mouvements s'emboîtent dans la panoplie de l'étrange. J'ai à la fois un mal fou à saliver, à respirer, à dominer une force indescriptible au fond de mon âme. Envie de vomir, aussi. Je suis parfaitement conscient de mes curieuses réactions physiques sans pouvoir les influencer. Parfois, je me penche sur ma chaise à la limite de tomber, soit en avant, soit en arrière. J'étouffe. Le petit crucifix placé sur mon ventre me compresse. Il semble peser une tonne. Même à deux mains, je peine à supporter son poids de quelques grammes. Dès que le médecin de mon âme commande d'une voix grave aux « esprits de péchés et de morts » ou à « l'esprit d'Emmanuelle » de quitter mon corps, mes muscles se contractent dans tous les sens. Après la prière de libération, c'est le rituel du petit exorcisme.

Puis l'emballage final : le grand exorcisme. La puissance rédemptrice de l'Évangile accroît ses effets. Mes jambes tremblent. Je contracte mes abdominaux si violemment que je tousse beaucoup et crache des glaires. Mes douleurs viennent du fond de moi-même. Le diaphragme fermé, les poumons oppressés, je verse des larmes de souffrance. Mes manifestations physiques sont suffisamment intenses pour que la sœur juge opportun de me tenir un bras, l'ecclésiastique se chargeant de me saisir l'autre. Il s'adresse fermement aux « esprits d'entraves », aux « esprits d'occultisme en lien avec Emmanuelle », aux « esprits de mensonge et d'apparence trompeuse », aux « esprits de dérision et d'apostasie », aux « esprits de mort et de ténèbres », aux « esprits ancestraux », et il les exhorte à quitter mon corps. Je réagis mystérieusement à des aspersions d'eau bénite ou à des prières en latin dont je ne comprends pas le sens. Comment l'expliquer ?

Le prêtre enchaîne :

— Esprit immonde, qui que tu sois, esprit d'hypnose, esprit de maléfice, esprit de magie noire, esprit de sorcellerie (mes jambes se lèvent subitement), esprit de sorcellerie (le prêtre répète ces termes, voyant l'efficacité de ces abjurations, et mes jambes restent en l'air), esprit de mauvais œil, esprit d'envoûtement (je grimace violemment), esprit d'envoûteur diabolique (je grimace jusqu'à l'extrême possibilité des muscles de mon visage), esprit qui agit chez Emmanuelle (je serre les dents), esprit de réseau (souffrance intérieure), esprit de blasphème, esprit de dérision, esprit impur, esprit d'apostasie, je te commande, je t'ordonne, je te somme, je t'adjure de sortir, sors de l'esprit, de l'âme, du corps de Grégory ! Sors de là ! Dépêche-toi ! Lâche-le ! Crache ! Sors de là ! Immédiatement ! Sors ! Tu n'as plus rien à faire ici ! Au nom de Jésus-Christ, je t'ordonne de sortir ! Amen !

Après une bonne heure de douleurs physiques imprévisibles, vu mon épuisement – un signe inquiétant –, le ministre de Dieu clôture l'exorcisme par une bénédiction avec de l'huile bénite et exorcisée, puis par la prière de consécration à la Sainte Vierge de saint Louis-Marie Grignion de Montfort. Je ne suis pas encore « libéré ». En reprenant peu à peu mes esprits, je me rends compte à quel point je traîne un passé lourd entaché de péchés gravissimes. Lors de mon sacerdoce nocturne, j'avais mémorisé des violences vécues en les enfouissant à travers mes atomes. La Couronne avait été le théâtre « d'esprits d'addictions » qui auraient, semble-t-il, laissé des traces dans mon enveloppe corporelle. Le plus dramatique repose sur les attaches insaisissables qui m'unissent à Emmanuelle, ce qui expliquerait mes cauchemars répétés, la désagréable impression qu'elle pouvait dormir près de moi, des sensations de froid inexplicables. Je partage mes émotions aux deux religieux :

— Est-ce que mes réactions sont normales ?

— Oui.

— Combien de temps me faudra-t-il pour être libéré ?

— Aucune idée. Ça peut être le combat de toute une vie.

— Toute la vie !

— Tout dépend de vous. Pour vaincre le Mal, il faut vous tourner vers le Bien, incarné par Jésus-Christ. Et rejeter le péché.

— D'accord. À chaque fois que vous avez prononcé les mots « sorcellerie », « magie noire », « envoûtement », une douleur extrême a jailli de mes entrailles, provoquant instantanément un violent mal de tête.

— Vous n'êtes pas le premier à le dire. C'est un symptôme d'une infestation diabolique. Nous allons programmer un nouveau rendez-vous. Arrêtons pour aujourd'hui.

Je pars épuisé de la communauté religieuse, avec l'assurance d'un second *round* dans un mois et demi. Je rallume mon téléphone. Un message. Je l'écoute. L'assurance du retraité qui a percuté ma voiture il y a trois jours prend en charge les réparations nécessaires. Enfin une bonne nouvelle ! Un petit miracle impensable avant mon premier exorcisme.

Le premier d'une longue série.

14

Le surnaturel

Le médecin de mon âme me reçoit pour la énième fois dans sa communauté.

— Alors, quelles sont les nouvelles ?

— Plutôt bonnes. Le mal diminue progressivement dans ma vie. Après notre première entrevue, j'ai rencontré une jeune femme avec laquelle je pensais pouvoir vivre durablement. Ça se confirme. Après un an de vie commune, nous allons nous marier et nous espérons avoir des enfants. Ma compagne est un ange gardien terrestre. Elle me soutient superbement dans mes épreuves.

— Bien. Il est important de vous marier pour mettre Dieu au centre de votre relation. Il la bénira.

— Professionnellement, j'abandonne mon projet de livre. Il y a toujours un blocage invraisemblable, des coupures de courant, des bugs en pagaille… Est-ce un problème électrique ? J'en doute car de telles bizarreries arrivent ailleurs, sur d'autres ordinateurs. Partout, je suis incapable d'écrire. J'en ai marre ! Les hommes proposent, Dieu dispose. À lui d'influencer le destin même si j'ai peur de tout chambouler en cas de publication.

— Ça n'est peut-être pas le bon moment.

— Peut-être. J'ai démarré une formation en viticulture après avoir travaillé quelques mois comme saisonnier dans un vignoble. Ce job me procure une véritable paix intérieure. C'est éreintant mais spirituellement délicieux. Je peux prier pendant mon travail ! J'espère tenir le coup physiquement. Une fois, j'étais tellement épuisé après une journée d'ébourgeonnage que ma compagne a dû m'aider à monter des escaliers !

— Je t'encourage à persévérer dans cette voie. La nature t'apportera un équilibre et domptera ton hypersensibilité.

— Financièrement, les grosses galères s'éloignent.

— Bien.

— En revanche, il m'arrive toujours des trucs dingues. En sortant d'ici l'autre jour, mon pot d'échappement est tombé sur la chaussée devant une voiture de gendarmes ! Quelle poisse ! Ils m'ont interpellé et ça m'a posé de sérieux problèmes à cause d'un litige en cours avec mon ancien bailleur. Un gendarme compatissant a vu une couverture à l'arrière de ma voiture. Il en a déduit que je dormais dedans. Lors de ma garde à vue, contre ma volonté, il a noté sur son procès-verbal : « SDF temporaire, je vis actuellement dans ma voiture. » Même si je n'étais pas d'accord, je l'ai signé sans exiger les corrections nécessaires puisqu'il a été rédigé à trois reprises après deux bugs sur deux ordinateurs différents, dans deux salles différentes. Le gendarme pestait. Beaucoup d'appareils électriques se détraquent en ma présence. Quand je viens vous voir, ça empire. Est-ce que ce sont des attaques diaboliques ? Aujourd'hui, j'ai dû emprunter la voiture de ma mère pour venir. La mienne est coincée au garage, cette fois-ci pour une courroie de distribution à remplacer. L'autre jour, je ramenais une personne de mon centre de formation quand le moteur de ma voiture s'est arrêté à 80 kilomètres-heure ! Ça m'est encore arrivé depuis. Malgré plusieurs réparations chez deux garagistes différents, impossible de détecter l'origine de la panne. Dès que j'en aurais les moyens, j'achèterai un autre véhicule.

— Autre chose ?

— Oui. Plus grave, dans le vignoble où j'ai travaillé ces derniers mois, les deux exploitants sont morts à six mois d'intervalle. Le premier s'est pendu dans le chai. Le second s'est noyé en tombant dans une cuve. Mes connaissances dans le milieu viticole sont unanimes : elles n'ont jamais vu ça. Même les incroyants acceptent l'idée de la malédiction puisque ces deux frères décédés s'ajoutent à la liste de décès violents dans la famille. C'est peut-être un hasard, mais je n'étais jamais à l'aise dans leur chai.

— Tu es sans doute attiré par les lieux malsains. Je te conseille de bénir un lieu quand tu y vas pour la première fois. Autre chose ?

— Oui. Père Bernard a fait bénir la maison que ma compagne a achetée.

— Très bien.

— De nouveaux voisins ont emménagé au même moment. Ils font pousser des plants de cannabis à leur fenêtre, ils jouent au basket jusqu'à deux heures du matin en semaine, leur chat défèque sous notre boîte aux lettres... Il faut parfois appeler la police pour dormir en paix. À chaque fois que je vis quelque part, une personne malveillante vient pourrir mon existence, jour et nuit. Pareil dans le travail. Il y a toujours quelqu'un pour me nuire dans des proportions inimaginables. Comme tout le monde, je commets des erreurs, mais de là à vivre tout ce que je vis, c'est étonnant.

— Autre chose ?

— Judiciairement, après un nouveau verdict « délirant » selon un avocat, la piste d'un réseau mafieux se confirme, même si c'est difficile à prouver. Par exemple, un procureur a court-circuité une procédure pour tenter de m'emprisonner, à la stupeur de mon avocat ; un policier m'a avoué « des pressions de sa hiérarchie » lors d'une audition sensible… Bref, je prie sainte Rita pour m'en sortir. Voilà pour les nouvelles.

— Garde la foi. Demande à la Sainte Vierge de te protéger, le diable en a très peur. Allons prier ensemble.

Je m'assois sur un fauteuil dans l'oratoire. Une religieuse place un crucifix sur mon ventre tandis que le prêtre exorciste pose sa main droite sur ma tête caressée par son étole. C'est parti…

Dès que l'ecclésiastique prononce les premiers mots de sa prière de libération, comme d'habitude, mon corps se contorsionne violemment. Les minutes défilent, parsemées de douleurs. Au moment où les mots « sorcellerie », « magie noire » et « envoûtement » sont formulés, mes jambes se soulèvent du sol, par intermittence, puis en continu, jusqu'à atteindre simultanément un angle et une durée en l'air *a priori* humainement impossibles, malgré ma sportivité. Le prêtre me demande alors :

— Au nom de Jésus-Christ, qui es-tu ?

— Asmodée !

D'un calme olympien, l'ecclésiastique, visiblement habitué à l'étrange, suspend un instant son travail salutaire. J'en profite pour reprendre mes esprits et ma respiration, les jambes redéposées au sol :

— Mais… c'est quoi Asmodée ?

— Un démon.

— Mais c'est impossible ! Comment ai-je pu prononcer son nom ? Je n'ai pas pu l'inventer ! Je n'ai jamais lu la Bible ! Il existe vraiment ?

— Oui.

— Une partie de mon intelligence est sous son emprise ?

— Ton âme est sous son emprise. Il faut le faire sortir pour que tu retrouves une liberté intérieure.

Je suis sidéré. Je jouis d'une parfaite lucidité, d'une santé de corps et d'esprit, tout en étant sous l'emprise d'une force inconnue, impossible à appréhender selon les lois physiques. Elle agit sur mon corps et parle indépendamment de ma volonté. Incroyable ! La réaction inconcevable de mes jambes et le fait de citer le nom d'un démon qui m'est inconnu constituent deux preuves irréfutables, deux confirmations inattaquables, deux validations intrinsèques de l'existence de Dieu et… du diable ! L'un de ses suppôts est collé à mon âme. Cette découverte provoquera une accélération spectaculaire de mes convictions religieuses alors que, je l'avoue, en formulant le *Credo* à la messe (« Je crois en un seul Dieu, le Père tout-puissant, créateur du ciel et de la terre, de l'univers visible et invisible… »), je le faisais machinalement, avec quelques incertitudes derrière le miroir de l'apparence. Là, je suis à la fois acteur, témoin, et bénéficiaire d'une action salvatrice, en m'imprégnant au fur et à mesure de la parole de Dieu. Les prières du prêtre déclenchent une action curative instantanée dans mon organisme, comme si l'amour de Dieu inondait mon âme pour noyer un mal luciférien préternaturel. En d'autres termes, on pourrait soigner ou rendre malade, faire ou défaire les choses, agir en bien ou en mal sur autrui. Cela confère l'idée qu'un pouvoir de guérison est entre les mains du prêtre exorciste, qu'un démon en moi exécute les ordres de ce dernier et, surtout, que ses aptitudes conquérantes sont supérieures au pouvoir d'un ange déchu. Le prêtre exorciste scelle ainsi sa souveraineté en renforçant brusquement l'opinion d'un chrétien converti en ardent catholique convaincu sans chercher à en mettre plein la vue ni à faire une démonstration publique. Mes agitations corroborent la thèse selon laquelle « l'esprit d'Emmanuelle est en [moi] » et que Manuel et ses compères « ont voulu [me] mettre plus bas que terre », d'après mes contrecoups à des supplications précises. Pour mes assistants spirituels, il y a peu de place au doute : les forces des ténèbres s'accrochent à mes tripes avec un probable commanditaire. La religieuse, si discrète, émet une hypothèse dans la lumière intérieure de son charisme de discernement des esprits :

— J'ai le sentiment que quelqu'un a utilisé une poupée dagyde contre toi.

— C'est quoi ?

— Une poupée d'envoûtement.

— Quoi ! Je serais maudit ? Par qui ?

— On ne peut pas le savoir. Mais l'esprit d'Emmanuelle est présent sur toi.

— Sa mère voulait à tout prix m'éloigner d'Emmanuelle à notre séparation, mais de là à commander un acte de sorcellerie, j'ai de la peine à y croire… D'autres personnes sont confrontées à la magie noire ?

— Oui, hélas. J'ai suivi un couple arrivé récemment dans la région. Ils étaient touchés depuis dix ans. Lui s'animait la nuit sans raison ; son épouse était prise de paralysie subite ou éprouvait des douleurs intolérables qu'elle qualifiait de torture. Elle a été maintes fois aux urgences de l'hôpital. Ses examens médicaux ne révélaient rien d'anormal. Certaines nuits, leurs enfants voyaient en songe une femme qui ressemblait à l'ancienne compagne du monsieur alors que les enfants n'avaient jamais eu connaissance de leur histoire passée. Cette femme était originaire du Gabon, membre d'une secte satanique, et ne faisait pas mystère de son envie de nuire à son ex-partenaire. Son grand-père était sorcier, un parfait ami du diable. Hormis les aveux, les actions d'un sorcier sont impossibles à prouver.

— On associe volontiers la sorcellerie à l'Afrique.

— C'est une erreur. Autre cas : j'ai suivi une retraitée dont les douleurs physiques n'ont jamais été élucidées par la médecine traditionnelle. Cette femme suspectait sa belle-mère de pratiques magiques. Nous avons entamé un chemin de délivrance ensemble qui a duré deux ans. À la mort de sa belle-mère, hormis deux petites rechutes, les phénomènes se sont arrêtés. Son compagnon s'est converti et ils se sont mariés à l'église après trente ans de mariage civil, alors que la belle-mère s'y opposait. Aujourd'hui, ils sont heureux.

— Une cliente de thé dansant m'a parlé de la fabrication d'un philtre d'amour pour plébisciter le retour d'un être aimé ou d'autres procédés pour se venger. Tout ça existe vraiment ?

— Oui. Les victimes de magie noire que je reçois souffrent beaucoup et me décrivent les mêmes choses. Celles victimes de poupée dagyde sentent bien que quelque chose se passe d'insaisissable. J'accompagne actuellement une femme qui a des sensations d'aiguilles plantées dans l'œil, des maux de ventre, des angoisses. À son domicile, j'ai constaté des bruits effrayants, des marques de griffes sur des meubles, des manifestations diaboliques. En remarquant une couture bizarre sur l'édredon de son lit, nous avons retrouvé à l'intérieur un objet constitué de ficelles, d'os de poulet et de plumes. Par le feu de l'expérience, il s'agirait d'un procédé utilisé en sorcellerie. Cette femme s'était séparée d'un mari pervers narcissique. Mes prières, l'exposition du saint sacrement chez elle puis l'aspersion d'eau bénite ont ramené de l'ordre.

— Comment Asmodée a pu entrer en moi ?

— Il y a trois possibilités. Par le péché, par l'hérédité, par l'emprise maléfique d'une personne, d'un lieu ou d'un objet. Dans ton cas, je privilégie le péché. Concrètement, il y a quatre degrés d'infestation : la tentation, l'oppression, l'obsession, la possession.

— Vous rencontrez des cas de possession ?

— Ça arrive. J'ai reçu une adolescente qui a fait une prière de consécration à Satan découverte sur un site internet gothique. Les jeunes n'ont pas conscience des dangers spirituels.

— C'est-à-dire ?

— Le diable intervient considérablement dans la vie de ceux qui jouent avec l'occultisme : interroger les morts, le ouija, le spiritisme, la voyance, la sorcellerie, la magie noire, le recours aux devins, le reiki, le pendule, les pratiques orientales basées sur l'ouverture des chakras… Certains voient leur vie bouleversée, leur santé se dégrader, leur maison devenir le théâtre de phénomènes paranormaux. Ceux qui sont atteints d'un traumatisme psychoaffectif grave dans leur enfance et éloignés de l'Église ou des sacrements sont plus facilement touchés. Le démon a ses modes d'action favoris : créer des embûches, provoquer des accidents, détraquer du matériel électrique, isoler socialement, envenimer des conflits, décourager la pratique religieuse, susciter la haine du sacré, troubler les facultés mentales, emprisonner dans un imaginaire délirant, bloquer la volonté, pousser au suicide…

— Il m'est arrivé d'avoir des idées noires mais j'ai toujours senti que ça ne venait pas de moi.

— C'est le diable qui te harcèle. Quand cela arrive, je te conseille de dire : « Au nom de Jésus-Christ, je coupe, je brise et je détruis ces pensées. » Fais la même chose quand tu entends des paroles blessantes.

— Est-ce que le diable connaît l'avenir ? Je vous pose cette question car mon projet de livre a été maintes fois perturbé. J'ai l'impression qu'il le redoute.

— Si tu appelles les lecteurs à la conversion, il s'y opposera de toutes sortes de manières. Son but est de perdre les âmes. D'après l'expérience des prêtres et laïcs du ministère d'exorcisme, les démons peuvent influencer l'avenir par des visions ou des suggestions et nous révèlent des faits cachés, lorsqu'on l'exige, par l'autorité supérieure du Christ à qui ils doivent obéir. Par exemple, une jeune femme m'a raconté avoir consulté une voyante qui lui a prédit la mort de son oncle dans un accident de voiture. Cette jeune femme n'a pas voulu l'en avertir de peur de déclencher une prophétie autoréalisatrice. Malheureusement, son oncle est bien mort d'un accident de circulation. En fait, le démon annonçait son plan : tuer l'oncle de cette jeune femme. Quelle musique diffusais-tu dans ta discothèque ?

— Un peu de tout. Sauf du rap et du heavy métal qui avaient un impact sur la clientèle. Ça pouvait dégénérer en bagarre. Je me suis fait avoir une fois. Après, j'ai interdit ce style de musique à mes disc-jockeys. Pourquoi ?

— Des messages subliminaux dans la musique satanique, des clips, des jeux vidéo vantent la destruction du faible par le fort, le sexe désordonné, le blasphème, la mort. Quelqu'un d'hypersensible ne peut pas en sortir indemne. Le goût démesuré de la violence, du pouvoir, de l'argent, de la jouissance est un symptôme démoniaque du dérèglement de la paix intérieure. L'homme doit être attiré par la paix, la vérité, le bien.

— Vous avez parlé de possession tout à l'heure. Cela me fait penser au caractère possessif d'Emmanuelle.

— Elle aurait pu te nuire sans forcément le faire exprès, à l'époque. Une jalousie incontrôlable suffit à dégager une énergie négative qui influence la conduite de sa victime, même inconsciemment. Tu as des facteurs aggravants : ta médiumnité te rend sensible aux infestations démoniaques et aux lieux chargés, tu es papa d'enfants avortés, tu as eu une sexualité hors mariage, tes ancêtres auraient beaucoup souffert d'après tes réactions à nos prières.

— Quel rôle jouent mes ancêtres ?

— Il y a des liens maléfiques qui se transmettent de génération en génération. Il est important de les casser au nom de Jésus-Christ, comme on casse les éventuelles malédictions par une prière de libération. Malheureusement, la prière d'exorcisme du rituel du baptême a été supprimée après Vatican II. C'est dommage, car il y a des liens générationnels qui demeurent et perturbent la vie de certaines personnes. Quand la médecine ne peut pas les soigner, je vérifie s'il n'y a pas des secrets de famille souvent à l'origine de blocages, comme cela arrive chez des personnes stériles. Rétablir l'harmonie par l'amour en suppliant Notre Seigneur de laver dans son très précieux sang les péchés de nos ancêtres et de lever leurs conséquences en réparation anéantit des influences diaboliques sur une famille et ses descendants.

— Comment faire pour être libéré définitivement ?

— Un seul remède : avoir une vie chrétienne maximale. C'est le combat spirituel ordinaire d'une âme qui désire suivre le Christ. Ce conseil n'est valable que si on mène une vie vertueuse en conformité avec les commandements de Dieu, tout en cherchant à éviter le péché. Je te recommande l'eucharistie le plus souvent possible, la lecture de la parole de Dieu et le chapelet quotidiennement, la confession mensuelle, le jeûne deux fois par semaine. Il y a des démons qu'on ne peut vaincre que par la prière et le jeûne.

— Ah, quand même !

— Le but de l'exorcisme est de découvrir une vraie liberté intérieure imprégnée de l'Esprit Saint, mais cela peut être insuffisant. Satan est un être spirituel, puissant, invisible, qui incarne le Mal. Pour le vaincre, il faut une vie rythmée par la prière, les sacrements et les sacramentaux : l'eau bénite et exorcisée, le sel béni et exorcisé, l'huile bénite et exorcisée. Le pardon fait partie de la guérison. Tu dois pardonner à tous ceux qui t'ont fait du mal. Je te recommande de faire dire une messe pour le repos de tes ancêtres, de prier l'archange saint Michel, de réciter la litanie des saints et la prière du très précieux sang de Jésus-Christ. Tu peux aussi demander à un groupe de prière de prier pour toi ou aller dans des soirées de louange. Le démon déteste ça.

— Quelque chose me revient. J'ai vu un magnétiseur une fois quand j'ai eu une pneumopathie qu'un pneumologue n'arrivait pas à soigner. C'était mal ?

— La magie blanche est un rituel magique. Je la déconseille. Pour passer le feu, un guérisseur peut réciter cette prière à voix basse : « Feu de Dieu, perds ta chaleur, comme Judas a perdu sa couleur au jardin des Oliviers. » Crois-tu que Dieu guérit par l'intercession de l'apôtre qui a trahi Jésus-Christ ? Tout ce qui écarte de lui et de son Église est sous l'influence de Satan. Très souvent, ceux qui consultent des énergéticiens, des guérisseurs ou magnétiseurs ont un bien temporaire qui se transforme en mal durable. Le démon propage son pouvoir à travers les personnes infectées ou sur la matière.

— Sur la matière ?

— Oui. Comme l'électricité. Il m'arrive d'aller bénir des lieux où il y a des bruits inexpliqués, des lumières qui s'allument, des incendies obscurs.

— Des incendies ? Ça me fait penser à La Couronne, ravagée dernièrement par un incendie *a priori* accidentel, en pleine journée. Un incendie criminel aurait eu lieu la nuit pour que les vandales ne soient pas repérés. Là, non. C'est bizarre.

— Il faut se méfier du fantastique mais par expérience, le démon a une grande influence dans les lieux où ont été vécus des péchés graves, des tortures, des profanations sataniques. Des âmes de défunts pourraient rester attachées à certains lieux et même à certaines personnes ; certains évêques n'y croient pas, mais je ne partage pas leur point de vue. Dans ce cas, je conseille de célébrer une ou plusieurs messes à leur intention. Cela peut suffire à ramener la paix. Par exemple, dans une maison où il y aurait eu des messes noires, plusieurs personnes sont mortes de maladie trop jeunes ; puis il y a eu un suicide, et les derniers occupants ressentaient un mal-être insaisissable. Le fait de célébrer des messes de réparation a permis de reconquérir ce lieu et d'y éradiquer le mal.

— Que pensez-vous des rumeurs faisant état de bétail mort ou infertile, voire d'agriculteurs décédés dans des circonstances étranges ?

— Le démon agit sur des lieux, des personnes, des animaux par des phénomènes physiques médicalement inexplicables comme des piqûres, des brûlures, des bleus ou des maladies incompréhensibles. Un poulailler dont les poules ne pondaient pas a été exorcisé : les poules se sont remises à pondre dès le lendemain. Dans un troupeau où plusieurs bêtes étaient mortes, une génisse mal en point a été sauvée après une prière. Quand un vétérinaire ou un médecin ne peut rien faire pour soigner un animal ou un individu en grande souffrance, le recours à la prière peut résoudre des problèmes très rapidement. Il n'est pas rare de stopper un sortilège ou une addiction grave en coupant des liens démoniaques par une prière de libération. Je te propose de finir par une bénédiction.

Je quitte le médecin de mon âme et mon infirmière spirituelle. Je suis presque guéri. Si la sœur dit vrai, j'aurais été victime d'une malédiction. Fondée ou non, je prends dorénavant cette hypothèse au sérieux, pour deux raisons. Premièrement, tout un chacun est capable de se procurer sur Internet un attirail moralement abominable pour nuire à n'importe qui : des poupées dagydes, des livres vaudou, des prières sataniques. Deuxièmement, deux faits surnaturels inexplicables durant ce nouvel exorcisme corroborent cette éventualité. Ils valident les enseignements de l'Église catholique depuis deux millénaires : l'existence avérée du diable et des anges déchus, un enfer bien réel, un monde visible et invisible gouverné par un Dieu tout-puissant, le péché grave qui ouvre une porte aux démons dans l'âme d'un individu pour mieux perturber sa vie et la délivrance par Jésus-Christ… Vu l'expérience mystique surnaturelle que je viens de vivre, tout ça est vrai ! Moi qui pensais, dans ma jeunesse, que le message de l'Église était ringard et que le prince des ténèbres était un mythe en tant que tel, lui qui, d'après ce que je viens de vivre, est responsable de mes malheurs. Je m'affranchis de ces deux énormes erreurs ! En venant de vivre une rencontre exceptionnellement forte avec Jésus-Christ dans mon cœur, je mesure mon privilège inouï d'avoir la foi. Une grâce superbe. Encore une. Merci Seigneur !

Conclusion

Comas éthyliques, comportements toxicomaniaques, accidents de circulation, rixes, prostitution, libertinage, maladies sexuellement transmissibles, violences conjugales, viols, avortements, suicides, familles détruites, balconing, trafics d'armes, addictions incontrôlables, corruption, criminalisation invisible des milieux festifs, réseau mafieux, banqueroutes frauduleuses, destruction d'emplois, saturation des hôpitaux, dilapidation de dizaines de milliards d'euros de fonds publics dans les services de santé chaque année pour sauver des milliers de vies dépendantes à l'alcool ou à la drogue… Le monde de la nuit est un formidable révélateur ! Il prouve qu'il n'y a pas d'avenir positif sans élévation spirituelle collective. Mettre fin à ces fléaux nécessite de changer positivement notre manière de vivre. Puis de rebâtir notre société sur sept piliers solides comme du roc.

Premièrement, des familles responsables. Aucune mesure ne peut surmonter efficacement notre crise spirituelle, la mère de toutes les crises, sans prendre la pleine mesure du rôle décisif de la famille. C'est le berceau de la vie dans lequel chacun construit sa personnalité. Sans cocon rempli d'amour, beaucoup de jeunes saturés de matérialisme sombrent dans le superficiel, l'individualisme, l'addiction, la dépression, voire le suicide ; pas surprenant que l'acronyme des mots sexe, alcool, drogue, forme le mot *sad*, qui se traduit par « triste » en anglais. Dit autrement, fonder une famille et vivre en harmonie ne s'improvise pas. Les difficultés rencontrées par des familles monoparentales ou recomposées attestent que les parents doivent apprendre à bien se connaître avant de concevoir la vie. Entre les centaines de nuit sans sommeil réparateur induites par des enfants en bas âge, les chamailleries, les tâches ménagères, la maîtrise des écrans, la ribambelle des « range ta chambre ! », les bobos à soigner, les obligations sociales et professionnelles, le surmenage, la parentalité est une mission héroïque ! De plus, les parents doivent avoir la force de vivre dans la paix, l'amour et la fidélité, donnant le bon exemple à leurs enfants, quitte à être inflexibles dans leur éducation. Cela demande disponibilité et tendresse, comme une maman allaite son nourrisson chaudement blotti dans des bras réconfortants. Cette mission parentale est énergivore, vitale, complexe mais sacrée ! Elle conditionne l'avenir de tous. Elle implique de remplacer la culture de la mort par la culture de la vie, armée d'un arsenal de mesures bienveillantes pour secourir les parents et enfants en difficulté.

Deuxièmement, des écoles responsables. Un enfant ne peut pas apprendre à reconnaître le mal, à faire le bien, à respecter les autres, si la morale léguée par Jésus-Christ est dénigrée dès l'école. Humblement, il faut reconnaître nos erreurs et les corriger. Les fruits féconds de Mai 68 (« Il est interdit d'interdire ») sont mûrs : la morale est ringardisée, l'autorité perçue comme de l'autoritarisme, l'obéissance comme une soumission. Des petits rebelles vont jusqu'à insulter, agresser ou tuer leur professeur. Que feront ces capricieux sans civisme à l'âge adulte ? Bien sûr, la paix sociale repose sur un enseignement de haute qualité. C'est la tâche colossale qui incombe au personnel éducatif. Pour preuve, les mafias s'enrichissent à cause des faiblesses éducatives des uns et des autres. Sans consommateurs de drogues, sans clients de prostituées, sans ripoux ni élus véreux, les organisations criminelles mourraient d'elles-mêmes. D'où l'importance de rester intransigeant avec un enseignement strict de la morale à l'école, dès le plus jeune âge, comme vecteur de sens transmis de génération en génération.

Troisièmement, des médias responsables. De la censure volontaire du « politiquement correct » au mensonge par omission, certains journalistes, pressés par l'immédiateté de l'information, restent à la surface médiatique de faits scandaleux. La vérité est faussée, le citoyen trompé. Des *mafiosi* insoupçonnables ont compris qu'il fallait désinformer pour s'enrichir incognito, sans éveiller la haine de la population, d'où les efforts entrepris par une diplomatie mafieuse pour maquiller la vérité si un Discogate détruit leur « système ». C'est une question de survie pour eux. Par ailleurs, la télécratie et Internet remplacent dramatiquement moult parents dans leur rôle éducatif. Entre les films violents ou les clips tapageurs, les émissions de téléréalité poubelles où il faut trahir ou manipuler pour gagner, les influenceurs des réseaux sociaux qui glorifient des conduites trash, ce conditionnement délétère entraîne les esprits à agir dans la nullité. Les plus facilement manipulables se mettent sciemment en danger de mort près des boules à facettes. L'exception n'est plus celui qui adhère aux comportements scandaleux, mais celui qui s'y oppose. Évidemment, la pornographie joue un rôle dévastateur dans ce constat. Elle saccage la beauté de la sexualité.

C'est justement parce qu'elle engendre la vie qu'on doit en prendre soin, la préserver, et la réserver à la personne de confiance avec laquelle nous voulons vivre. C'est un acte d'amour sacré qui ne se brade pas avec n'importe qui.

Quatrièmement, des pouvoirs publics responsables. Simplifier les lois et les faire appliquer réellement à tous, en fonction de l'intérêt général, est un impératif. Notre développement durable dépend d'hommes de loi ayant le souci de nous servir, et non de se servir. Hélas, d'une part, un laxisme judiciaire inadmissible n'assure plus la sécurité des personnes et des biens. D'autre part, des comploteurs légifèrent *leurs* lois de brigandage, en fonction de *leurs* intérêts, sans se cacher et sans risque de sanctions pénales, en décidant d'incarcérer leurs opposants directs. C'est du vandalisme institutionnel auquel se superposent des décisions administratives aberrantes. Être honnête, ce n'est pas respecter la loi du plus fort ; c'est respecter la morale. Car il n'y a pas de justice sans moralité, pas de moralité sans solidarité, pas de solidarité sans justice. Exclure ceux qui sont en difficultés, c'est nous exclure les uns les autres au sens éthique d'une coresponsabilité qui nous unit. Face à une injustice criante, un problème de conscience se pose alors pour les agents publics témoins de violations flagrantes du droit validées par leur hiérarchie. S'ils dénoncent des fraudes, ils risquent des sanctions. Tout est donc fait pour que les incorruptibles tombent, eux aussi, dans la spirale infernale de l'illégalité. Cette évolution de fond est une incontestable victoire pour des serial-corrupteurs qui ne cessent de renforcer leur hégémonie entraînant une cascade de faillites, des destructions d'emplois massives, une hyperinflation de nos impôts. En bout de chaîne, ils s'attaquent à nos familles, aux contribuables, à nous tous par effet domino. C'est tout l'écosystème de la vie nocturne qui s'en trouve secrètement dégradé et la sécurité de milliers de fêtards qui en pâtit. La pandémie est une aubaine pour ces affairistes. Beaucoup d'entreprises déposent le bilan. C'est autant d'opportunités à saisir au rabais avant que les affaires redeviennent florissantes.

Cinquièmement, des banques responsables. L'unique alternative à notre mode de vie construit sur la recherche obsessionnelle du profit est l'ouverture à un mode de vie modéré, responsable, charitable, en fonction d'une finance uniquement centrée sur le progrès social. Redéfinir la notion du vivre ensemble nécessite de partager aussi nos profits ensemble. En investissant dans l'économie réelle. Sans spéculation. Cependant, notre système bancaire mondial est bâti sur des milliers de milliards d'euros qui transitent dans les paradis fiscaux, des montagnes de fraudes fiscales, une spéculation folle, des produits dérivés virtuels, des gouffres de dettes souveraines, des planches à billets dingues. Tout cela est évidemment imputable aux banques surreprésentées dans des paradis fiscaux et aux politiciens mondialistes qui ont voté des lois en faveur de la dérégulation financière. Voilà comment des fraudeurs fortunés, des multinationales, des banques s'enrichissent – et les pauvres s'appauvrissent. Si tout le monde fraudait le fisc pareillement, nous n'aurions ni hôpitaux, ni écoles, ni routes… Tout tient encore debout car les citoyens n'ont majoritairement pas conscience de l'apocalypse financière qui se prépare. Magie de la mondialisation oblige, nous sommes tous liés les uns aux autres, les économies et les banques les unes aux autres, d'un continent à l'autre. Si une banque systémique fait faillite, tout peut s'effondrer comme un château de cartes lors d'un krach boursier viral, dans un immense fracas planétaire, déclenchant l'effondrement des monnaies fiduciaires, des faillites d'entreprise innombrables, des émeutes, des guerres civiles. Il est encore plus affligeant de constater à quel point nos gouvernants n'ont aucun intérêt à nous en révéler la menace. Piégés dans une spirale de mensonges par omission, politiciens et banquiers sont liés par leur instinct de survie et hypnotisés par leur idéologie mondialiste ultralibérale. Si les uns tombent, les autres tombent aussi mathématiquement dans une révolution sanglante. D'où le fait qu'ils se serrent les coudes, se cooptent transversalement à la tête d'une institution financière ou d'un poste politique important, font croire que tout va bien, jusqu'au jour où le baril de poudre sociale explose.

Sixièmement, un régime politique responsable. La politique de la supercherie ne marche plus. En l'absence d'un génie politique attendu comme le messie, le gouvernail de notre nation vacille tantôt à gauche tantôt à droite, à la merci des courants corrupteurs et des lobbies. Notre bien commun n'est plus le cap fixé. En politique, c'est le naufrage assuré. Trancher dans le vif, c'est détacher les liens qui paralysent notre pays en abrogeant la politique du piston, en détruisant ces fameux lobbies qui distillent le poison de la corruption à tous les étages du pouvoir, principalement à la source du droit. La loi devrait empêcher le plus fort de régner. Or, la frontière est floue entre le milieu des affaires malsaines et le milieu politique. Le premier a besoin du second pour obtenir des autorisations légales, notamment dans les grands projets immobiliers qui suscitent l'appétit des mafias locales ou transnationales. Résultat : le coût annuel de la corruption dans les marchés publics truqués avoisine, en France, les 30 milliards d'euros, facturés aux contribuables. Rarissimes sont les condamnations. Voilà comment nos serial-corrupteurs en liberté instaurent une kleptocratie, qui se définit par un régime où le vol est une institution.

Septièmement, une Église responsable. Bien sûr, les motifs de l'affaissement de nos mœurs sont en grande partie religieux. De « mauvais chrétiens » sapent le travail colossal des « bons chrétiens » ultra-majoritaires engagés contre la pauvreté, la misère, l'injustice... Le Vatican est meurtri par des scandales historiques, entraînant une perte de la foi généralisée et conduisant beaucoup d'âmes vers l'abîme, mais c'est pour mieux renaître au printemps de l'Esprit Saint qui renouvellera la face de la Terre. Car une vérité éternelle demeure : nous avons tous besoin de repères moraux solides pour ne pas faire n'importe quoi sans risquer notre vie ni celle des autres. Partout où Jésus-Christ est effacé, le chaos s'installe. À la lumière de mon expérience douloureuse dans le monde de la nuit, la doctrine de l'Église est lumineuse de bon sens. Si beaucoup d'individus la rejettent en bloc, une invasion surabondante de faits surnaturels la corrobore à travers le monde : les guérisons miraculeuses, les prophéties, les stigmatisés, l'état de conservation parfait du corps des saints des décennies après leur mort, les miracles eucharistiques, les millions d'expériences de mort imminente supposant une vie après la mort, les lieux hantés où se produisent des phénomènes paranormaux, les manifestations surnaturelles lors d'exorcismes. L'athéisme ne livre aucune réponse crédible à ces mystères. Et si le surnaturel nous submerge, le rationnel doit se plier à ce qui le dépasse. Tel est le vœu solennel que j'adresse à chaque lecteur par l'onction d'une conversion sincère à Jésus-Christ. À la décharge des incroyants, croire sans la raison conduit à l'hérésie, aux charlatans, aux brocanteurs de l'occultisme esclaves du diable, à leur insu. Quiconque remet en question son existence réfute des faits irréfutables ! Je ne peux que conseiller à tous de rester fermes dans la foi, persévérants dans la prière, fidèles inconditionnels à l'Église, et de se protéger du Mal par l'armure des sacrements et l'assistance des prêtres qui ont le pouvoir de bénir, consoler, chasser les démons. Si tous les hommes se convertissaient, la haine serait remplacée par l'amour, la vengeance par le pardon, la violence par la douceur, le malheur par le bonheur. Tel est l'immense défi qui attend la jeunesse du monde. Pour l'avoir longtemps côtoyée, je suis certain qu'elle est capable de bâtir cette civilisation d'amour avec un héroïsme fabuleux. Comment ? D'une part, en obéissant aux dix commandements divins, la loi naturelle qui mène au bonheur véritable comme le visage rayonnant des vrais chrétiens le démontre ; d'autre part, en pratiquant le commandement de la charité, « aimez-vous les uns les autres ». Une conviction sans strass ni paillettes pour cacher notre misère humaine. Une question de vie ou de mort pour des millions d'âmes.

Épilogue

Au crépuscule de ce livre, il serait spirituellement malhonnête d'exposer les torts de certaines personnes sans faire mon propre examen de conscience. Ainsi, j'exprime ma demande sincère de pardon à toutes les personnes que j'ai blessées durant ma vie – beaucoup trop nombreuses pour les citer – par mes mauvaises pensées, mes paroles maladroites, mes actions détestables ou mes lâches omissions. En effet, le pardon brise l'emprise de nos blessures intérieures et nous met en chemin vers leur guérison. Pardonner à ceux qui nous ont fait du mal et demander pardon à ceux à qui on a fait du mal est un acte d'amour réparateur.

Ma première pensée s'adresse aux pèlerins malades ou handicapés croisés lors de mon premier pèlerinage à Lourdes pour lesquels je n'ai pas eu un soupçon d'empathie, aveuglé par mon égoïsme. Est-ce un hasard si l'anagramme de Marie est le mot « aimer » ? Après ce pèlerinage marial, ma transformation intérieure s'est accélérée en modifiant mon regard sur le monde, les autres et moi-même. J'ai pris conscience que mes petits problèmes étaient honteusement insignifiants face aux guerres, aux famines, aux catastrophes naturelles, aux maladies. Ma croissance spirituelle est une signature mariale ! Bien plus tard, des exorcismes ont rasé comme une bombe atomique mes ultimes neurones athées.

Je demeure convaincu que Dieu n'est pas absent. Il est invisible. À l'image de mon cri de détresse sur une plage, il se manifeste à tous ceux qui se tournent vers lui avec humilité et obéissance, les deux vertus indispensables pour être « guidé par le Seigneur », le GPS divin.

Ma deuxième pensée vise à m'excuser auprès des éditeurs intéressés par la publication de mon histoire que mon impatience ou ma ténacité sans bornes ont fini par lasser. J'ai eu le comportement d'un sprinteur lancé à vive allure dans une arrivée de course cycliste. Et j'ai chuté !

Ma troisième pensée se tourne vers mes anciennes compagnes et leurs proches. Je les ai blessés. Un peu, beaucoup, passionnément. À la folie, parfois. Je le regrette sincèrement.

Ma quatrième pensée s'adresse aux lecteurs d'un grand quotidien de presse dans lequel un publireportage évoquant mon départ définitif de La Couronne a été diffusé. Ce texte, truffé de sous-entendus sécuritaires à décrypter en forme de dédouanement testamentaire, a été coécrit avec une journaliste remarquable, fortement interpellée par des faits confidentiels non cités dans cet ouvrage. Par ma volonté de tout plaquer au plus vite, je n'ai pas eu la force de relire, corriger, puis valider consciencieusement son texte rectifié dans lequel une erreur s'est glissée, et non des moindres, sur mon statut d'entrepreneur ayant remporté plusieurs concours à la création d'entreprise plus ou moins prestigieux. Le plus important est ailleurs : je voulais dénoncer ironiquement des démolisseurs de l'ordre et leurs irresponsabilités, de sorte qu'ils ne puissent jamais dire comme excuse « je ne savais pas » en cas de scandale futur, vu des échanges confidentiels. Obnubilé par le fait de vouloir sauver des vies, je désirais le faire savoir ; n'importe comment, hélas ! Enfin, comment faire l'impasse sur les conséquences de ma fin de règne désastreuse à La Couronne vu mon épuisement sévère, après trois années de responsabilités écrasantes, de chocs, de harcèlements ? Ayant atteint mes limites physiques et psychiques, je n'ai pas eu la force ni le courage de dissuader des noctambules d'adopter une mauvaise conduite. Est-ce que j'aurais pu sauver des vies en ayant été plus téméraire ? Dieu seul le sait.

En parallèle, je pardonne à tous ceux qui m'ont blessé, trahi, critiqué, humilié, volé, ruiné, déshonoré, tenté de m'emprisonner – ou pire ! « Bénissez ceux qui vous maudissent et priez pour ceux qui vous maltraitent », est-il écrit dans l'Évangile selon saint Luc. J'implore donc la bienveillance du Ciel pour mes ennemis dans mes prières, surtout pour « quelqu'un » qui aurait pu me nuire par des incantations magiques. En effet, la théorie du « choc en retour » se vérifie en sorcellerie. Celui qui sème le vent récolte la tempête. Puissent mes révélations ne pas faire l'effet d'une bombe dans leur vie ! Si le temps a fait son œuvre, le pardon n'est pas l'oubli. C'est un acte structurant qui engage et désamorce l'escalade de la violence. Aussi difficile soit-il, le pardon invite à la vérité, la paix, la justice divine. Quiconque commet une injustice doit la réparer lorsque cela est possible, la réparation faisant entièrement partie du repentir. Ayant toujours agi pacifiquement contre des *mafiosi* impunis, après avoir créé des entreprises et des dizaines d'emplois, payé des dizaines de milliers d'euros d'impôts, toutes mes plaintes ayant été jetées dans les poubelles de la justice humaine, j'ai la radieuse certitude que Dieu réhabilitera mes droits à sa manière, à la concorde de la vérité et de l'honneur, derrière les fantômes du bruit, de la fureur et de la foule. Une résurrection inespérée qui pourrait passer par cet ouvrage. Qui sait ?

ANNEXES

1

Aide au discernement sur le combat spirituel

L'expérience mystique exceptionnelle que j'ai vécue lors d'exorcismes m'a prouvé l'existence de Dieu et celle du diable, validant les vérités défendues par l'Église catholique depuis deux millénaires. Fort de cette expérience, j'ai synthétisé les enseignements collectés et reçus pour permettre à chacun d'évaluer l'emprise maléfique dans sa vie – et surtout d'y remédier.

1. Le démon, mythe ou réalité ?

« La plus belle ruse du diable est de vous persuader qu'il n'existe pas », écrivait Charles Baudelaire. Beaucoup de contemporains perçoivent le Mal comme un concept philosophique ou une réalité métaphysique subjective. C'est faux. Le diable est une réalité spirituelle. Qui nie son existence se met en contradiction avec la doctrine de l'Église et réfute des faits prouvés par des milliers d'exorcismes, mon cas étant très courant.

On le mentionne vingt fois dans l'Ancien Testament et quatre-vingt-quatre fois dans le Nouveau Testament, Jésus ayant été un éminent exorciste en libérant des possédés et en nous invitant au combat spirituel. Les conciles ont présenté le diable comme une vérité de foi. Le catéchisme de l'Église le dénonce avec force trente-sept fois ; les derniers papes également dans leurs enseignements. Enfin, des saints (le Curé d'Ars, saint François de Sales, Padre Pio, etc.) ont été molestés par le diable et des témoins ou médecins dignes de foi ont constaté la violence des coups portés.

Le diable est un être invisible, spirituel, immortel, disposant d'une intelligence angélique et d'une volonté. Il est surnommé « Satan », « Lucifer », « le prince de ce monde », « l'accusateur », « le diviseur », « l'Ennemi »... Comme un chien dangereux attaché, il représente un danger pour les imprudents qui s'en approchent. Il dirige les légions infernales constituées de démons. Il parasite le monde matériel et les hommes engagés en faveur du bien, de l'amour de Dieu et du prochain. C'est l'ennemi de l'homme moderne par excellence car ce dernier, de plus en plus éloigné de la foi chrétienne, ne sait plus diagnostiquer les ruses du diable et *a fortiori* s'en prémunir pour vivre heureux.

Un cas de possession met en relief les incohérences morales, spirituelles et intellectuelles de notre temps d'apostasie. Il s'agit d'une mère de famille italienne dont les souffrances éprouvantes, pendant vingt-sept ans, n'ont jamais été soulagées par la médecine, malgré huit hospitalisations et des traitements divers. Comme cette femme présentait des signes manifestes de possession démoniaque, elle a été exorcisée le 26 avril 1978 en Italie, en présence d'ecclésiastiques accompagnés de représentants de la psychiatrie et de la médecine. Le témoignage écrit du médecin conclut ainsi l'examen médical de la patiente avant, pendant et après l'exorcisme :

> Je soussigné, docteur M., chef de clinique de l'hôpital psychiatrique de L. après avoir examiné Madame X. [...], et assisté aujourd'hui, 26 avril 1978, à un exorcisme fait sur

elle, en présence de quatre prêtres, pendant trois heures et demie, je dirais, au vu des manifestations présentées par ce sujet, que ce n'est ni une psychose délirante, ni une personnalité hystérique (deux diagnostics à exclure pour ce cas présent), mais un phénomène psychique que l'Église définit habituellement comme possession au moins transitoire.

2. Le discernement psychologie/spirituel

Il ne faut pas voir le diable partout, mais il ne faut pas non plus le voir nulle part. Lorsqu'un individu pense être victime du diable et sollicite l'aide de l'Église, un discernement minutieux s'impose, à plusieurs, avec un prêtre ou un prêtre exorciste. Croire en Dieu (et au diable) ne veut pas dire qu'il faut croire en n'importe quoi. Une psychose individuelle ou collective, un besoin d'attention, une tromperie, ne sont pas à exclure. Une longue écoute est obligatoire pour discerner l'origine des problèmes exposés.

Comme pour le cas de possession évoqué ci-dessus, il arrive régulièrement que des médecins, croyants ou non, face à des patients impossibles à soigner, sollicitent l'aide d'un prêtre exorciste s'ils sentent qu'ils sont face à un mystère qui sort du cadre de la science. La confiance de ces médecins envers l'Église authentifie l'étroite collaboration entre eux et embrasse les vérités catholiques, souvent de manière cachée. Cette alliance harmonieuse est nécessaire : dans les siècles lointains, l'Église a commis l'erreur d'attribuer la responsabilité de certaines maladies psychologiques au diable, la science n'étant pas assez avancée à l'époque pour les diagnostiquer. Malheureusement, nous sommes passés d'un extrême à un autre. Sous couvert d'une laïcité de plus en plus agressive, certains hommes de science laissent souffrir des patients impossibles à soigner, parfois pendant des décennies, faute d'explorer la piste spirituelle qu'ils écartent par idéologie. Combien de suicides aurait-on pu éviter sans cette obstination ? Par ailleurs, de nos jours, les prêtres sont peu formés à la démonologie et peuvent involontairement commettre une non-assistance à âme en danger.

3. Le ministère d'exorcisme

Jésus-Christ a donné le pouvoir à ses disciples d'expulser les démons (Évangile selon Matthieu, 10, 8). C'est de lui que l'Église tient le pouvoir et la charge d'exorciser. Le rituel de l'exorcisme est une réponse à la souffrance de l'homme face à la puissance du Mal.

Dans chaque diocèse, l'évêque nomme ainsi un prêtre exorciste à qui il délègue sa mission d'exorcisme. Cet exorciste doit avoir une vie pieuse : sa mission l'exige. Il travaille en collaboration avec des laïcs qui l'épaulent dans l'accueil des personnes souffrantes, le chemin de guérison grâce au charisme de discernement des esprits. Des psychiatres ou psychologues, chrétiens ou non, peuvent faire partie de cette équipe.

Lorsque la piste spirituelle se vérifie, une prière de libération est effectuée par l'exorciste avec l'accord de la personne affligée. Ces prières sont gratuites et ne constituent pas un sacrement. Tout prêtre peut faire une prière de libération car elle s'adresse à Dieu pour délivrer une personne. En revanche, seul un prêtre exorciste mandaté par son évêque peut pratiquer un exorcisme, car cette prière s'adresse directement aux démons. On trouve des prières de libération, dites par un prêtre, sur Internet. En revanche, l'exorcisme se pratique en secret, dans une pièce adaptée, loin des regards curieux, sans objets pouvant être saisis par la personne possiblement infestée, qui pourraient blesser l'exorciste ou ses assistants en cas de transe déclenchant une force surhumaine.

Durant une prière de libération ou d'exorcisme, il n'est pas rare d'observer ces dérèglements :
– l'endormissement qui entrave la libération ;
– des bâillements incontrôlables ou des vomissements ;
– une fatigue excessive anormale ;
– des maux de tête violents apparaissant et disparaissant subitement ;
– des convulsions, etc.

4. Les différents paliers d'infestations démoniaques

Les quatre principaux niveaux d'infestations démoniaques sont : la tentation, l'oppression, l'obsession et la possession.

La tentation, le plus courant et le moins grave, se caractérise par un désir malveillant ordinaire qui peut paraître bon en apparence.

L'oppression est un harcèlement physique, psychique et émotionnel qui empêche de jouir de la plénitude de la vie, sans impact sur la volonté. Il peut s'agir de manifestations déstabilisantes (bruits étranges, appareils électriques qui se détraquent souvent, objets qui tombent par terre) ; d'émotions négatives intenses (désespoir, sentiment d'abandon, peur, rage, culpabilité, haine, désir de vengeance) ; ou d'un imaginaire exacerbé. Les victimes de malédiction y sont régulièrement exposées, de même que les personnes gravitant dans l'entourage des adeptes de l'occultisme. Comme des pensées malveillantes peuvent être dues à un désordre émotionnel et une cause naturelle peut être à l'origine de bruits suspects dans un lieu, un discernement méticuleux mesure s'il s'agit d'influences démoniaques.

L'obsession se présente sous la forme d'attaques intérieures violentes, des pensées douloureuses jusqu'à des envies de suicide ou de meurtre, un enfermement dans une attitude malsaine (usage de la pornographie, addictions graves, renouvellement d'un péché de façon répétée au point où la liberté intérieure est compromise). La victime peut manifester un rejet absolu à la vue d'une image sainte, une hostie, un objet bénit.

La possession est le pallier le plus grave, le plus rare, mais aussi le plus médiatisé. La victime est comme habitée. Un esprit mauvais contrôle ses facultés mentales et physiques jusqu'à parler et agir à travers elle. Trois critères la distinguent d'une schizophrénie : une force surhumaine qui dépasse les lois de la nature, la connaissance de faits cachés ou lointains, le fait de parler ou comprendre une langue inconnue. Aussi rare soit-elle, la possession n'est pas étrangère à la pratique de la sorcellerie, au spiritisme, au ouija, à la communication avec les morts, à l'appartenance à des sectes sataniques. Faire un pacte avec le diable ou une prière de consécration à Lucifer augmente la probabilité d'une possession.

D'une manière générale et en dehors d'une cause médicale, il y a suspicion d'un problème spirituel lorsqu'une personne affiche :

– une haine virulente envers Jésus-Christ, la Sainte Vierge Marie, l'Église ;

– une incapacité à prier, à faire un signe de croix, à entrer dans une église ;

– des contorsions physiques ou des propos méprisants lors d'un sacrement ;

– un mensonge affirmé comme une vérité évidente ;

– un isolement social anormal ;

– un amour étouffé par un égoïsme froid et cruel ;

– un orgueil de l'intelligence ;

– une volonté surpuissante de domination sur autrui ;

– des phénomènes paranormaux en sa présence ;

À moindre échelle :

– une attitude conflictuelle élevée au travail et en famille ;

– des jugements négatifs sur autrui ou soi-même quasi systématiques ;

– un goût démesuré pour l'argent, la réussite sociale, le pouvoir ;

– un désespoir jusqu'à des envies de suicide ou meurtre ;

– une attirance prononcée pour la mort ;

– un recours fréquent à des voyants, médiums, guérisseurs ;

– une conduite addictive grave (drogue, sexe, alcool, jeux vidéo violents ou jeux d'argent) ;

– une médiumnité capable de connaître des vérités cachées ;

– des problèmes matériels à répétition ;

– des obstacles invraisemblables à tous les niveaux.

5. Les portes d'entrée aux infestations diaboliques

a) Les traumatismes psychoaffectifs ou blessures d'enfance

Moins de la moitié des enfants dans le monde vivent à la maison avec leurs deux parents biologiques. Faute d'avoir une vie familiale stable et aimante, cette instabilité émotionnelle est un facteur de vulnérabilité qui favorise l'hédonisme, le matérialisme, l'athéisme, lesquels mènent à des schémas de vie moderne (consumérisme compulsif, conduites toxicomaniaques, pornographie) puis, à long terme, à de possibles liens démoniaques.

En effet, les personnes affligées par des traumatismes graves, des passions amoureuses dévastatrices ou des blessures d'enfance cherchent protection, réconfort ou compensation. Cette faiblesse émotive est une porte d'entrée favorable aux démons par laquelle ils s'engouffrent puis l'aggravent. Par exemple, un enfant maltraité peut s'isoler ou devenir violent. La blessure originelle n'étant pas guérie, elle entraîne des conséquences néfastes à l'âge d'adulte qui peuvent blesser l'entourage. Comme le liseron au potager, faute d'intervenir efficacement à la racine du problème, le Mal se déploie. Voilà pourquoi le pardon, la délivrance et la guérison sont intrinsèquement liés.

b) Les péchés graves répétés

Les plus susceptibles de conduire à un lien démoniaque sont le meurtre, les péchés graves habituels, la haine de quelqu'un ou d'un groupe de personnes. S'ils sont commis sur des personnes vulnérables (viol, torture, avortement, etc.), ils sont propices à l'emprise démoniaque car la personne a déjà choisi de faire le mal. La gravité est proportionnelle à sa liberté de consentement.

c) L'hérédité chargée

Face au mystère de la souffrance de l'innocent, il est impossible d'expliquer que les violences extrêmes subies par des ancêtres ou les conséquences de leurs pratiques perverses puissent s'imprimer sur l'âme d'un descendant. C'est pourtant le cas, d'après l'expérience de laïcs ou prêtres engagés dans le ministère d'exorcisme.

d) L'occultisme

Les activités spirituelles interdites (sorcellerie, spiritisme, voyance, etc.) sont les portes d'entrée les plus sérieuses aux forces démoniaques car elles gouvernent ces pratiques. Les personnes qui invoquent des esprits mauvais pour faire tourner une table ou nuire à autrui croient, à tort, qu'elles les domestiquent. C'est faux : c'est le contraire qui se produit. Quiconque a recours aux forces du Mal par jeu ou en prononçant une malédiction sera progressivement dominé par elles, de même que leurs proches contaminés par effet domino.

6. Le chemin de libération

Cinq étapes jalonnent le chemin de libération de l'âme.

a) Se repentir

Vouloir se corriger est la première étape de la délivrance. Elle impose d'accepter le combat spirituel qui s'ensuivra pour renverser l'engagement pris, consciemment ou non, en faveur du Mal.

La délivrance de la personne sous emprise démoniaque dépend de son consentement. Si elle refuse les prières du prêtre exorciste, la libération sera délicate voire impossible. En effet, le Seigneur ne peut pas entrer dans le cœur d'une personne à son insu et l'inonder de son amour compassionnel. Le refus catégorique de recevoir une prière d'exorcisme est un possible signe d'influence démoniaque car le diable entrave la foi, l'espérance et la charité. La prière d'intercession s'avère un recours. Si la victime est baptisée et coopérative, une confession sincère est une bonne introduction au chemin de libération.

b) Pardonner aux autres et à soi-même

Si les esprits mauvais peuvent trouver une voie d'accès facile par les blessures psychoaffectives, le pardon leur interdit toute possibilité d'action. Le pardon ferme une porte au diable et, à la place, cette porte s'ouvre à la grâce et à la miséricorde de Dieu. Alors que la réconciliation engage les deux parties d'un conflit, le pardon n'engage qu'une seule partie, celui de l'offensé, ce qui est généralement le cas quand l'offenseur n'a pas pris la dimension de sa malveillance. Le pardon initie le chemin de guérison et dissipe les émotions négatives. Pardonner est une étape importante qui doit s'accompagner de mesures fortes.

c) Renoncer à toute habitude de péché

Pour renoncer au Mal, encore faut-il le connaître en lisant le catéchisme de l'Église, puis en le mettant en pratique dans sa vie. Expulser un démon ne sert à rien si une porte d'entrée reste ouverte. Pour être définitivement libéré d'une emprise maléfique, il faut choisir de rejeter toutes actions mauvaises et relations malsaines au nom de l'autorité de Jésus. Si une personne tourmentée est impliquée dans l'occultisme, elle devra reprendre une vie vertueuse et purifier son domicile de toute présence maléfique en le faisant bénir ou exorciser et en se débarrassant de ses objets malsains (livres sur l'ésotérisme, amulettes, pierres précieuses) pour les remplacer par des images saintes, des icônes, des statues bénies.

d) Prier pour la libération

Prier pour sa libération, c'est bien. Mais insuffisant ! Pour que la place occupée laissée vacante par le diable lors d'exorcismes soit dorénavant le siège de l'Esprit Saint, qui est l'expression de l'amour illimité de Dieu, il faut prier en lui demandant de remplir notre vie, auparavant sous l'esclavage de l'Ennemi. Ce parcours de délivrance peut durer des années, voire toute la vie. Plus le mal est présent depuis longtemps, plus il faudra de temps pour s'en libérer.

Une vie sacramentelle régulière peut suffire à être délivré, car c'est le Christ qui a autorité sur le royaume des ténèbres, pas le prêtre exorciste. Le sacrement du baptême donne la force de rejeter Satan de nos vies et de profiter des fruits féconds de l'Esprit Saint (l'amour, la bonté, la joie, la douceur, la bienveillance, etc.). Le baptême est l'armure absolue du Christ contre le Mal. Les autres sacrements donnent des forces supplémentaires pour vaincre les esprits mauvais, de même que la lecture de la parole de Dieu, une confession mensuelle, le jeûne, l'eucharistie au moins une fois par semaine, la récitation du chapelet ou du rosaire quotidiennement. Avoir recours aux sacramentaux tels que des objets bénits et exorcisés, de l'eau ou du sel ou de l'huile bénits et exorcisés, protègent également des assauts du diable.

e) Attendre sa libération

En attendant le temps de Dieu pour jouir à nouveau pleinement de sa liberté retrouvée, donner l'ordre aux démons de partir au nom de Jésus-Christ, avec confiance et assurance, est une façon individuelle de combattre l'Ennemi. Lorsque la libération intervient, la personne délivrée expérimente la miséricorde infinie de Dieu et son autorité sur le Mal, à savoir que le Christ est venu pour nous sauver et qu'il est vainqueur de tout Mal. La délivrance, souvent intime, est un signe grandiose de l'amour de Dieu pour la personne libérée.

2

Conseils aux lecteurs

Constatant le nombre d'accidents mortels, de noyades, de viols, de comas éthyliques ou de drames induits par des abus festifs, j'ai imaginé ces pistes pour lutter contre ces catastrophes : les dix commandements du fêtard, vingt conseils aux chrétiens et trente solutions pour aller à l'encontre de ces dysfonctionnements. Tant de malheurs seraient évités si ces mesures fortes étaient appliquées !

Conseils aux fêtards

1. Nommez un conducteur sobre et consciencieux en début de soirée.
2. Respectez le personnel des établissements de nuit.
3. Fuyez les mauvaises fréquentations et méfiez-vous des inconnus qui donnent une bonne impression.
4. Refusez une consommation si elle n'a pas été servie devant vous.
5. Conservez votre verre en le tenant par-dessus.
6. Faites-le surveiller par un ami si vous allez danser, fumer, ou aux toilettes.
7. Ne le buvez pas si un étranger l'a touché ou déplacé.
8. Sortez en groupe, jamais seul.
9. Faites-vous raccompagner par une personne de confiance.
10. Désignez un gardien vigilant lors des fêtes privées sans surveillance parentale.

Conseils aux chrétiens qui veillent à la santé de leur âme

1. Si ce livre vous a ouvert les yeux sur des fautes commises, n'ayez pas peur et repentez-vous.

2. Faites un check-up spirituel avec un prêtre et sollicitez le(s) sacrement(s) qui vous corresponde(nt).

3. En cas de situation délicate, récitez une neuvaine à sainte Rita, la sainte des causes désespérées.

4. Récitez le chapelet quand vous en avez le temps, c'est une arme redoutable contre le diable.

5. Lisez la parole de Dieu quotidiennement pour ouvrir votre intelligence.

6. Pratiquez le jeûne occasionnellement en fonction de vos capacités humaines.

7. Confessez-vous régulièrement pour être imprégné de la grâce.

8. Recevez l'eucharistie le plus souvent possible : c'est le sommet de la vie chrétienne.

9. Adorez le saint sacrement pour que le Christ submerge votre cœur.

10. Priez votre ange gardien et l'Esprit Saint avant chaque décision importante.

11. Participez à des soirées de louange et/ou un groupe de prières.

12. Si vous avez eu recours à des pratiques occultes ou sataniques, contactez un prêtre exorciste.

13. Débarrassez-vous de votre attirail occulte : pierres, pendules, livres ésotériques, amulettes.

14. Faites bénir votre domicile par un prêtre, faites-le exorciser en cas de phénomènes paranormaux.

15. En cas de liens maléfiques détectés par un prêtre, demandez-lui une prière de libération.

16. Portez sur vous avec foi la médaille miraculeuse de la Vierge Marie de la rue du Bac à Paris.

17. Centrez votre vie sur le Christ en faisant abstraction des inévitables attaques du diable.

18. Consacrez-vous au Sacré-Cœur de Jésus, au Cœur immaculé de Marie et au Cœur de saint Joseph.

19. Vivez une retraite silencieuse dans une abbaye avec un accompagnement spirituel.

20. Recueillez-vous sur la tombe d'un(e) saint(e) et sollicitez son intercession pour exaucer une prière.

Solutions pour infléchir nos dysfonctionnements

1. Lutter contre la corruption comme une cause nationale.
2. Cesser de reporter l'irresponsabilité des délinquants impunis sur leurs victimes.
3. Alourdir les peines pénales et financières pour les décourager.
4. Adapter temporairement les droits sociaux et civiques des condamnés.
5. Augmenter le délai de prescription des affaires de corruption.
6. Imposer le principe de précaution aux autorités.
7. Punir pénalement les élus et agents publics qui tuent l'emploi.
8. Simplifier, adapter et appliquer réellement les lois en fonction de notre bien commun.
9. Les refondre en laissant une autonomie à ceux qui les appliquent.

10. Pondérer l'influence des lobbies.

11. Remettre à plat la galaxie de normes délirantes qui paralyse l'activité économique.

12. Bannir les passe-droits.

13. Prohiber les « réseaux » secrets par souci de transparence totale.

14. Réformer le fonctionnement des tribunaux de commerce.

15. Former les magistrats à la réalité délictuelle et criminelle.

16. Adapter la légitime défense aux violences urbaines actuelles.

17. Réorienter les missions policières vers la protection des citoyens et des biens.

18. Proscrire la politique du « chiffre » du carnet de souche.

19. Renforcer la connaissance des risques festifs en milieu scolaire.

20. Contraindre les chauffards à un stage avec des pompiers.

21. Imposer aux géants de l'automobile de brider leurs véhicules à la vitesse maximale autorisée.

22. Interdire les rassemblements sauvages de type rave party.

23. Sensibiliser les citoyens aux conduites à risques contemporaines.

24. Garantir le paiement des créances des entreprises par un fond public de garantie.

25. Encourager les jeunes à se divertir dans des endroits sûrs surveillés par des professionnels.

26. Créer une puissante association nationale de défense des intérêts des contribuables.

27. Interdire les paradis fiscaux.

28. Exiger le rapatriement des capitaux placés dans des oasis fiscales.

29. Mettre l'économie au service des hommes et non l'inverse.

30. Décourager la pratique des sciences occultes.

3

Extraits du catéchisme de l'Église catholique

Étant donné les dangers de l'occultisme, voici trois extraits du catéchisme de l'Église catholique qui éclaireront ceux qui pourraient y être confrontés.

Numéro 2115 :

« Dieu peut révéler l'avenir à ses prophètes ou à d'autres saints. Cependant, l'attitude chrétienne juste consiste à s'en remettre avec confiance entre les mains de la Providence pour ce qui concerne le futur et à abandonner toute curiosité malsaine à ce propos. L'imprévoyance peut constituer un manque de responsabilité. »

Numéro 2116 :

« Toutes les formes de divination sont à rejeter : recours à Satan ou aux démons, évocation des morts ou autres pratiques supposées à tort "dévoiler" l'avenir. La consultation des horoscopes, l'astrologie, la chiromancie, l'interprétation des présages et des sorts, les phénomènes de voyance, le recours aux médiums recèlent une volonté sur le temps, sur l'histoire et finalement sur les hommes en même temps qu'un désir de se concilier les puissances cachées. Elles sont en contradiction avec l'honneur et le respect, mêlé de crainte aimante, que nous devons à Dieu seul. »

Numéro 2117 :

« Toutes les pratiques de magie ou de sorcellerie, par lesquelles on prétend domestiquer les puissances occultes pour les mettre à son service et obtenir un pouvoir surnaturel sur le prochain – fût-ce pour lui procurer la santé –, sont gravement contraires à la vertu de religion. Ces pratiques sont plus condamnables encore quand elles s'accompagnent d'une intention de nuire à autrui et qu'elles recourent à l'intervention des démons. Le port des amulettes est lui aussi répréhensible. Le spiritisme implique souvent des pratiques divinatoires ou magiques. Aussi l'Église avertit-elle les fidèles de s'en garder. Le recours aux médecines dites traditionnelles ne légitime ni l'invocation des puissances mauvaises, ni l'exploitation de la crédulité d'autrui. »

4

Lettre adressée à tous les parents

Deux drames m'ont incité à écrire cette lettre : un accident terrible ôtant la vie à trois adolescentes après une virée en discothèque et une soirée entre lycéens dans une maison où un adolescent est mort ivre, étouffé par son vomi. Quatre dénominateurs communs à ces horreurs : la consommation excessive d'alcool, des mauvaises fréquentations, l'absence d'adulte responsable et la reprise des concours « à qui boira le plus » dans l'entourage des disparus. Ces morts n'ont pas suffi... Avis à tous les parents : aidez-moi à réveiller les consciences !

Chers parents,

Être un bon parent est la tâche la plus difficile au monde. Avant d'avoir trois enfants, j'avais des principes. Maintenant, je fais ce que je peux... Comme vous, sans doute.

Faire partager mes connaissances sur les dérives festives et spirituelles, tel a été le fil conducteur de ce livre calqué sur mes souvenirs et mon journal intime. Pour vous et vos enfants.

J'ai pensé à ces vies fauchées à la sortie des discothèques, dans des rave parties ou soirées privées ; à ces inconscients qui se sont crus immortels au volant d'un cercueil roulant, aux jeunes filles naïves droguées puis violées, aux noctambules inhumés dans un cimetière à cause du verre de trop, d'une overdose, d'une rixe mortelle ; à ces criminels « protégés » qui nous font danser ; aux âmes qui affectionnent les sciences occultes et qui risquent d'en payer le prix fort un jour. Pour vous et vos enfants.

En dégainant ce témoignage, je risque des représailles, des calomnies, des accusations. Pour vous et vos enfants.

En retour, permettez-moi de solliciter auprès de vous une modeste faveur. Quelles que soient vos convictions, faites lire cet ouvrage à vos adolescents, à leurs connaissances, vos proches, voisins, collègues. C'est un bon outil pédagogique. Ensemble, nous sensibiliserons un maximum de personnes et nous sauverons des vies, telle une longue chaîne de solidarité que le désespoir, la fatalité, l'injustice, ne briseront jamais.

Faites-le humblement pour mon père. C'était sa dernière volonté. Le dernier souvenir que j'ai de lui, c'est son visage empreint de paix. Je l'ai quitté un dimanche après-midi. Je le revois sur le pas de sa porte me dire au revoir et me demander, à travers ce livre, de continuer l'œuvre de sa vie : aider un maximum de jeunes avec amour, tendresse, générosité.

Grégory Lacroix
13 mai 2021

Bibliographie

Brigitte Bédard, *J'étais incapable d'aimer,* Artège, Perpignan, 2019.

Dominique Boulc'h, *Incroyables chrétiens*, Salvator, Paris, 2020.

Krystel Cahanin-Caillaud, *Je suis sortie de mon corps*, Oh ! éditions, Paris, 2009.

Dominique Camus, *La maîtrise du destin*, Dervy, Paris, 2006.

Gary Chapman, *Les langages de l'amour,* Éditions Farel, Charols, 2002.

Michel Chiron, *J'étais possédé,* Artège, Perpignan, 2019.

Michel Desmurget, *TV Lobotomie*, Max Milo, Paris, 2020.

Isidore Froc, *Exorcistes,* France-Loisirs, Paris, 1997.

Père Jean-Régis Fropo, *90 questions à un exorciste*, Éditions de l'Emmanuel, Paris, 2012.

Antoine Gaudino, *La mafia des tribunaux de commerce,* Albin Michel, Paris, 1998.

Laurent Gay, *Troubadour d'espérance,* Éditions des Béatitudes, Nouan-le-Fuzelier, 2020.

Sylvie Jumel, *La sorcellerie au cœur de la République*, Éditions Carnot, Châtou, 2002.

Didier Loisel et François Bourlet, *Arrêtons le jeu de massacre,* Éditions Avoir l'info, Paris, 2008.

Bonnaventure Meyer, *Verdi Garandieu*, Rassemblement à son image, Plouisy, 2019.
Guy Reinhardt, *Les dangers du ouija,* Rassemblement à son image, Plouisy, 2019.
Pierre Roberdel, *Marie Julie Jahenny, la stigmatisée de Blain,* Éditions Résiac, Montsûrs, 1974.
Maria Valtorta, *L'Évangile tel qu'il m'a été révélé,* Rassemblement à son image, Plouisy, 2016.
Commission doctrinale de l'ICCRS, *Le ministère de délivrance*, Éditions des Béatitudes, Nouan-le-Fuzelier, 2017.

Pour contacter l'auteur :
gregorylacroix49@gmail.com

Table

Achevé d'imprimer en décembre 2021
sur les presses de
La Manufacture - Imprimeur – 52200 Langres
Tél. : (33) 325 845 892

N° imprimeur 211316 - Dépôt légal : septembre 2021
Imprimé en France

CET OUVRAGE A ÉTÉ COMPOSÉ
EN ADOBE GARAMOND PRO
CORPS 12,5 POINTS
PAR NORD COMPO
À VILLENEUVE-D'ASCQ (NORD).